CES 2023
DEEP
REVIEW

CES 2023 딥리뷰

Sea Change, See Change!

CES 2023 DEEP REVIEW

CES 2023 딥리뷰

모든 것은 AI로 연결된다

손재권, 정구민, 오순영, 최형욱, 이용덕, 장진규, 주영섭 지음

쌤앤파커스

CES 2023
DEEP
REVIEW

차   례

Part 3.

AI
: 낮아진 진입장벽, 관건은 인간과의 공존

오순영

Part 4.

웹 3.0 & 메타버스
: 시공간을 뛰어넘는 무제한의 영역

최형욱

Sea Change, See Change!

 CES가 전 세계 최대의 오토쇼로 급부상했다. 이미 공공연하게 전 세계 산업계가 인정하는 사실이었지만 이를 증명이라도 하듯 전시관 곳곳에서 300개 이상의 모빌리티기업이 전기차부터 자율주행에까지 이르는 혁신 기술을 선보였다. 이들은 그야말로 "모빌리티 100년 만의 패러다임 변화"의 주인공이었다. 카멜레온처럼 32가지 색깔로 외장을 바꿀 수 있는 자동차부터, 자율주행 기술의 비약적인 발전으로 차량 내 경험In-Vehicle Experience이 대두함에 따라 멀티미디어 기술과 메타버스 기술이 적용된 서비스 비전까지, 역동적인 모빌리티의 미래가 펼쳐졌다. 소프트웨어로 자동차 모든 부분을 컨트롤하고 각종 기능을 업데이트할 수 있는 FaaSFeature as a Service가 처음으로 CES 2023에서 제시되기도 했다. 실로 상전벽해와 같은 대전환이 아닐 수 없다.

 미국 굴지의 자산운용사 오크트리캐피털Oaktree Capital 회장 하워드 막스Howard Marks는 고객들에게 보낸 서한에서 투자환경이 급변하는 대전환의 시기를 일컫는 의미로 "sea change"라는 표현을 사용했다. 현재 세계의 경제적·지정학적·기후위기적 상황은 악화일로로 치닫고 있지만 CES 2023은 이러한 글로벌위기를 기술혁신으로 해결해나갈 것을 제시했다. 이번 CES 2023가 메인 테마로 내세웠던 '모두를 위한 휴먼 시큐리티Human

Security for All, HS4A'라는 표현은 인류 안보 문제(경제·식량·보건·개인·환경·공동체·정치·군사 등 전 인류적 차원의 안보에 영향을 미치는 문제)를 해결하는 데 혁신기술이 매우 중요한 역할을 하고 있음을 보여준다.

　CES가 세계의 모든 기업과 기술의 발전을 대변하는 것은 아니지만 앞으로 펼쳐질 기술의 방향과 트렌드를 파악하는 데 있어 간과해서는 안 될 중요한 기술 이벤트라는 사실은 분명하다. 기술·기업·산업의 변화로 국가의 헤게모니 판도까지도 변하는 시대다. 이런 시기일수록 우리는 변화의 흐름을 읽는 눈을 밝힐 수 있어야 한다. 이를 위해 이 책에서는 7명의 전문가가 팀을 이루어 CES 2023을 심층분석하고 세계 기술 동향, 미래 트렌드를 면밀하게 제시했다.

　CES가 끝나자마자 마감까지의 짧은 시간 동안 통찰력 있는 원고를 집필하는 일은 결코 쉬운 게 아니다. 서울대 주영섭 교수, 더밀크 손재권 대표, 국민대 정구민 교수, KB국민은행 오순영 상무, 컴패노이드랩스 장진규 의장, 시어스랩 최형욱 부사장, 바로AI 대표이자 서강대 교수인 필자까지, 밤을 새워가며 작업에 참여한 노고에 감사 말씀을 전한다.

　혁신을 원한다면 실패를 두려워하지 않아야 한다. 성공을 원한다면 과거의 성공 경험을 버리고 실패를 받아들일 마음을 지녀야 한다. 변화를 원한다면 바로 실행의 첫발을 내디뎌야 한다. 이 모든 지난한 과정을 견뎌내며 변화와 혁신을 위해 고군분투하는 대한민국의 모든 기업인에게 이 책을 바친다.

2023년 2월
이용덕

PART 1

CES 2023 트렌드

:

세상이
변했다,
적응하라

손재권

실리콘밸리에 본사를 둔 미디어 플랫폼 더밀크 창업자 및 CEO. 실리콘밸리 혁신 소식을 한국과 미국에 전달하고 있다. 2023년까지 11년째 CES를 취재, 분석해 왔다. 고려대학교를 졸업했으며 스탠퍼드대학교 아태연구소 방문연구원으로 재직했다. 〈매일경제〉 실리콘밸리 특파원과 산업부 기자를 역임했으며 〈문화일보〉, 〈전자신문〉에서도 기자 생활을 했다. 주요 저서로 《파괴자들》, 《네이버 공화국》 등이 있다.

○　　　미국 현지 시간으로 지난 1월 4일, 라스베이거스 컨벤션센터 센트럴홀에 위치한 소니^{SONY} 전시장.

이날 프레스 컨퍼런스에서 소니는 CES 2023에서 혼다^{Honda}와 합작한 전기차기업 소니혼다모빌리티^{SHM}의 첫 양산차량 브랜드 아필라^{AFEELA}를 공개했다. 이날 첫 전기차 프로토타입의 내부와 외부 모습을 최초로 소개한 것이다. 야스히데 미즈노 SHM 최고경영자는 무대에 올라 "운전자 경험에 중요한 부분은 '느낌'이다. 차량 내에서 사람들과 상호작용하는 데 초점을 맞출 것이다"라고 강조했다. SHM은 새 전기차 이름을 '느낌(feel)'을 강조하기 위해 아필라로 정했을 뿐 아니라 에픽게임즈^{Epic Games}와 같은 게임기업과도 제휴하여 자동차가 아닌 '인포테인먼트 기기^{Infotainment device}'로 자동차를 정의하길 원했다. 5일부터 개막한 실제 전시에서 소니 부스는 아필라를 보기 위한 인파로 북새통을 이뤘다. 한때 세계를 평정하던 TV·전자기업 소니는 이렇게 자동차기업으로의 변신 소식을 성공적으로 전했다. 소니는 CES 2023에서 북미 시장에서 약 4.2%의 점유율을 기록하며 판매 중인 TV 브라비아^{BRAVIA}를 전시에서 완전 제외했다. 소니의 미래 제품 라인업에 게임기인 플레이스테이션^{PS} 외에 '전자제품'은 더 이상 없다는 뜻이다.

소니 부스에서 아필라를 안내하던 관계자에게 "왜 소니는 자동차를 만드는가?"라고 물었다. 밀려드는 손님으로 정신없어 보이던 그는 "변화에 적응해야 하기 때문(Adapting to change)"이라고 짧게 대답했다. 그리고 다른 손님을 맞이하기 위해 자리를 빠르게 옮겨갔다. 머리를 맞은 느낌이었다. 기존에 소니가 자랑하는 센서 기술과 엔터테인먼트 서비스의 강점을 결합해서 소비자들에게 '새로운 경험'을 제공하기 위해서라는 답을 기대했으나 현장의 안내 직원으로부터 돌아온 대답은 '적응'이었기 때문이다. 코로나19 팬데믹 이후 세상은 크게 변했고 소비자들의 취향도 변했으며 소니는 이 같은 큰 변화에 '적극적으로 적응'하는 길을 선택했다는 것이다.

하지만 야심 찬 전기차 시장 진출 계획에 비해 소니 내부 분위기는 다소 '수비적'이라는 것을 느낄 수 있었다. 지난해 혼다와 합작 법인을 만든 것도, CES 2022에서 공개한 시제품 비전-S$^{VISION-S}$도 변화에 적응해야 살아남을 수 있다는 적자생존의 비즈니스 논리를 의식한 결과물이었다.

적자생존은 영국의 철학자 허버트 스펜서$^{Herbert\ Spencer}$가 19세기에 제시한 용어로, '환경에 적응하는 종^{種}만이 살아남고, 그렇지 못한 종은 도태되어 사라지는 현상'을 뜻하는 용어이다. 20세기 이후에는 강한 기업이 살아남는 것이 아니라 환경에 빠르게 적응하고 변신에 능한 기업이 살아남게 된다는 비즈니스 이론으로 주로 쓰이고 있다. 코로나19 팬데믹 이후엔 '비즈니스의 룰'이 완전히 바뀌면서 이 같은 추세가 가속화됐다. 실제 소니는 더 이상 전자 산업의 일류 기업이 아니다. 소니와 같은 기업에게 적자생존은 도전자의 위치에서 새로운 시장을 개척하기 위해선 '적응'이 우선이라는 평범한 진리를 상기시키는 말이기도 할 것이다. 이런 키워드로 이번 CES 2023을 돌아봤을 때 이번 행사의 주요한 메시지는 '디지털 적자생존'이라고 말할 수 있을 것이다.

카멜레온처럼 능동적으로 변해야 살아남을 수 있다는 메시지를 전한 CES 2023 (출처: 더밀크)

적응을 위한 기업들의 치열한 몸부림

LG전자는 디지털 적자생존의 시대에 적응하기 위해 자동차 전기·전자 장비 사업을 기업의 제 2의 핵심 사업으로 키우겠다고 선언했다. 5일 열린 프레스 컨퍼런스에서는 'Life's Good with Cars'란 주제로 가전의 자동차 내장을 내세웠다. 모빌리티가 새로운 TV·디스플레이 기술의 무대가 되고 있다는 점에서 자연스러운 변신이었다.

'디지털 적자생존'을 치열하게 보여준 또 다른 기업은 한국의 삼성전자와 일본의 파나소닉이었다. 삼성전자는 CES 2023에서 전시관을 지속가능성, 홈시큐리티, 패밀리 케어, 헬스&웰니스, 엔터테인먼트, 스마트워크 등의 키워드를 아우르는 미래지향적 제품들로 꾸몄다. CES 2022까지만 해도 스마트폰과 가전 위주로 전시했으나 올해는 삼성관 입구에 들어서자마자 '지속가능성Sustainability'이라는 문구를 가장 먼저, 크게 볼 수 있었다. 삼성전자의 전시를 두고 삼성다운 참신하고 놀라운 신제품을 기대했던 참관객들 사이에서는 "지루하다", "볼 게 없었다"는 혹평도 나왔다. 실망했다는 반응이 주류를 이루기도 했다.

하지만 CES 2023 적자생존의 진리를 곱씹어보면 삼성전자의 CES 2023 전시는 설득력 있는 시도로 다가온다. 삼성전자도 변화에 대한 시급성과 위기감을 느끼고 있는 것이다. 실제 삼성전자는 4일 열린 프레스 컨퍼런스에서도 제품이나 서비스보다 '지속가능성'이라는 가치를 주요하게 내세웠다. 지난해 9월 발표한 신환경경영전략을 소개하며 "혁신기술을 통해 2050년까지 탄소중립을 달성하겠다"는 목표를 밝혔다. 특히 DX부문은 2027년까지 100% 재생에너지로 전환하고 2030년까지 탄소중립을 달성한다는 목표를 수립했다.

이처럼 삼성전자가 특정 '제품'이 아닌 '지속가능성'을 기업의 비전으로 내세우는 이유는 미국의 MZ세대가 친환경기업 제품을 적극적으로 구매하기 때문이다. 미국 시장에서는 제품 경쟁력과 가격만으로는 프리미엄 제품으로 인정받기 힘들다. 탄소중립 기준에 부합하는 친환경 제품이어야 한다. 일본의 파나소닉도 '친환경' 가치를 전시장 전면에 내세웠다. 파나소닉은 넓은 전시장에 나무를 심어놓고 그린 임팩트Green Impact 전략을 강조하며 탄소배출 감소 제품과 기술을 집중적으로 소개했다.

삼성전자와 파나소닉의 행보를 단순히 ESG적인 동기로만 이해해서는 안 된다. 소비자 및 수용자 중심의 관점에서 기업들은 이제 소비자에게 지속가능성을 증명하고 인식시키지 못하면 생존할 수가 없다는 점을 이해해야 한다. 이에 첫 장, 트렌드에서는 이번 CES 2023을 아우르는 5가지 키워드를 정리했다.

◉　　　　CES는 세계 최대 전자 및 기술 전시회다. 지난 5일부터 8일까지 미국 라스베이거스에서 펼쳐진 CES 2023은 향후 비즈니스의 미래가 어디에 있는지, 기업들이 무엇에 적응해야 하는지 보여준 이벤트였다. 또 변화의 바람이 휘몰아친 뒤 새로운 성장과 번영을 어디서 도모할 수 있을지 가늠해보는 기회였다. 이 때문일까. 애초 10만 명이 참관할 것이란 예상을 깨고 11만 5,000명 참관이라는 대흥행을 기록했다. 지난 CES 2022 현장 참석자 4만 5,000명보다 2배 이상 많았고 참석자의 약 35%는 미국 외 174개 이상의 국가에서 왔다. CES는 미국에서 가장 많은 '외국인'이 참석하는 컨벤션이기도 하다. 또 CEO, C레벨 직급과 같은 시니어 이상 비즈니스 리더가 전체 참관객 중 60%가 넘는다. 의사 결정권자들이 참여하는 무대라는 것이다. CES 2023의 전시 면적은 지난 2022년보다 50% 이상 늘었으며 전체 3,100개 참여 기업 중 1/3인 1,000개 기업이 처음으로 참여했다. 기업과 업종의 세대교체가 빠르게 이뤄지고 있음을 시사하는 현상이었다.

　　CES를 주최한 게리 샤피로^{Gary Shapiro} 미국소비자기술협회^{CTA} 회장은 CES 2023을 마친 후 "쇼는 끝났다. 하지만 쇼에서 공개된 혁신은 경제 성장을 주도하고 우리 삶을 개선하며 다음 세대를 위한 더 나은 미래를 만들기 위해 의미 있는 방식으로 변화를 이끌 것이다"라고 말했다.

키워드 2:

씨
체인지

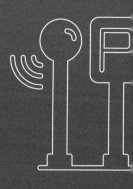

O   그렇다면 2023년은 어떤 변화를 우리에게 요구하고 있을까? 약 1,640억 달러(230조 원)를 운용하는 자산운용사 오크트리캐피탈^{Oaktree Capital}에서 가치투자의 대가로 불리는 하워드 막스^{Howard Marks} 회장은 고객들에게 보낸 서한에서 "씨 체인지^{Sea Change}"라는 표현을 통해 현재 투자 환경이 바다가 변하는 것 같은 완전한 전환기임을 나타냈다. '씨 체인지'는 태도와 목표 등 모든 방향에서의 근본적 변화, 즉, 상전벽해를 의미한다.

자신의 53년 투자 경험을 돌아봤을 때 상전벽해와 같은 시기가 2번 있었는데 2023년은 세 번째 '씨 체인지' 시기라는 것이다. 2023년은 지난 2022년 3월까지 약 12년간 이어져온 '제로금리' 시대가 '고금리·고인플레 시대'로 본격적으로 전환되는 해가 될 것이다. 이는 투자뿐 아니라 산업 전반에도 근본적 변화를 만들어낼 것이다. 여기에 미중 테크 전쟁, 러시아-우크라이나 전쟁으로 인해 지난 30년간 이어온 세계화도 사실상 끝나는 등 지정학적 변수도 커졌다. 하워드 막스 회장이 2023년을 '씨 체인지'의 시기라고 얘기한 이유다.

이 같은 씨 체인지를 인지하고도 행동의 변화를 이끌어내지 못하는 이유는 과거의 성공·성장 경험 때문이다. 사람들은 보통 상황이 어려워야만 변화를 시도하는데 지난 12년간 제로금리(풍부한 자금 유동성), 중국의 세계화(자유무역), 빅테크의 빠른 혁신으로 인한 압도적 성장이 복합적으로 작용한 풍요의 시기가 이어졌다. 하지만 이젠 불패신화가 사라지고 '살아남는 자가 강한 자'라는 명제가 기업과 사회를 지배하게 되었다. 많은 경제학자들이 예고한 대로 2023년에 글로벌 경기침체가 오면 침체의 폭에 따라 대량 실업 사태가 발생할 테고, 또 다른 국면이 펼쳐지게 될 것이다.

기술은 씨 체인지에 적응하는 '키워드'가 될 수밖에 없다. 전 세계적인 인플레이션으로 기술 산업 전반이 위축되고 있는 가운데, CTA는 지속적인 기술혁신이 물가상승률을 낮추는 요인이 될 것이라고 보고 있다. 수요에 큰 변화가 없을 경우 기술혁신은 생산원가를 줄이면서 노동생산성과 효율성을 높인다. 더불어 생산·물류 등 전반적인 비용을 절감시키고 상품과 서비스 가격을 낮춘다.

실제 CTA가 발표한 새 연구 결과에 따르면 올해 미국 기술 분야 매출은 4,850억 달러(611조 원)를 기록할 전망이다. 이는 코로나19 팬데믹 특수로 인한 기술 수요가 정점에 달했던 지난 2021년 5,120억 달러(646조 원)에 비해 감소한 것이다. 기술 분야 매출은 2021년을 기점으로 지난해 4,970억 달러(627조 원)를 기록하면서 감소 추세를 이어오고 있다. 다만 팬데믹 이전인 2019년 4,350억 달러(549조 원)와 비교해서는 늘어난 수치다. CTA는 인플레이션으로 인한 소비자지출 감소로 기술 산업 전반의 수익이 낮아졌지만, 기술의 발전이 물가상승을 억제하는 요인이 되고 있다고 분석했다.

세계 최대 기술 전시회인 CES 2023은 이처럼 '씨 체인지' 시기에 개최됐다. 디지털로만 진행됐던 지난 2021년, 그리고 오미크론 여파로 반쪽 행사가 된 2022년을 지나 2023년엔 정상화됐다는 의의를 가진다.

지정학적 변화로 인한 '디지털 판의 변동'

CES 2023은 50년 CES 역사상 가장 크게 지정학적 변화가 영향을 미친 이벤트였다고 평가받는다. 러시아-우크라이나 전쟁, 미국과 중국의 무역 갈등, 팬데믹과 같은 외부환경, 지정학적 변화는 기술의 혁신을 가속시켰으며 CES에도 큰 영향을 미쳤다.

우선 CTA가 CES 2023의 핵심 주제를 '모두를 위한 휴먼 시큐리티'로 결정하게 한 배경으로 작용했다. 러시아-우크라이나 전쟁으로 인한 글로벌 식량 안보 위기에 있어 농업 테크의 발전이 문제를 해결할 강력한 수단이라는 메시지를 던졌다. CES 기조연설에 농업기업인 존디어John Deere가 참여했다는 것이 이를 뒷받침하는 사례다. 존 메이John May 존디어 회장의 기조연설은 지정학적 변화가 기술에 어떤 영향을 미치는지, 지정학적 변화에 인류가 적응하는 데 기술이 어떻게 도움을 줄 수 있는가를 알려주는 최고의 사례로 평가받았다.

실제 존 메이 회장은 이 기조연설에서 한 세기 이상을 힘차게 달려온 존디어의 오랜 역사로 운을 띄웠다. 1837년 일리노이에서 대장장이로 일하던 존디어가 강철 경작기를 제작한 것을 시작으로 1918년 말에 새로운 엔진을 개발하고 최초의 트랙터를 런칭했다. 그리고 1947년, 농작물을 자르고 껍질을 벗기고 청소하는 3가지 작업을 통합한 자주식 콤바인을 소개했다. 1958년에는 첫 유압식 불도저를 세상에 내놓는 등 존디어는 다양한 기술을 적용한 농기계를 만들어 왔다.

존디어는 2000년대 초반에 GPS 기술을 트랙터에 녹이기 시작하면서 농부들이 운전대에서 손을 떼고 운전할 수 있게 했다. 그리고 스마트폰의 도입과 함께 현재 존디어는 로봇공학·자율주행·AI를 기반으로 한 최첨단 농업 기술을 개발하는 기업으로 거듭났다.

존 메이 회장은 "왜 우리가 미국 인구의 2%도 채 되지 않는 농부들을 신경 써야 하는가"에 대한 질문에 "우리 모두에게 필요한 식품·연료·섬유질을 생산하는 막대한 작업을 하는 사람들이 바로 전 세계에 있는 농부들이다. 오늘날 우리가 필요한 걸 가질 수 있게 해줄 뿐만 아니라 미래 세대의 몫까지도 보장해준다. 이들은 우리 땅이 가진 귀중한 자원을 돌보는 사람들"이라고 말하며 감동을 줬다. 이와 함께 CES 2023에서는 사이버보안·사생활보호와 관련된 다양한 기술들을 선보이며 인류의 위기를 해결하기 위해 적극적으로 대처하겠다는 비전을 보여줬다.

자율주행이 가능한 존디어의 제초제 스프레이 농기계 (출처: 더밀크)

사라진
업의 경계

◉　　　CES 2023에서는 산업의 경계가 희미해지거나 사라졌다는 사실을 마지막까지 확인할 수 있었다. 기업들은 기존 사업 영역을 넘어 새로운 영역으로 파괴적인 혁신을 이어가는 한편, 여러 다른 업종 내 기업들과 '합종연횡'하며 생존을 모색하고 있었다. 달라진 혁신의 방향은 그간 CES의 간판이었던 가전 분야를 중심 밖으로 밀어냈다. 대신 디지털헬스, 게이밍, 웹 3.0, 메타버스 등 변방에 자리했던 주제들이 전면에 등장했다.

CES 2023에 참가한 기업들이 전한 메시지는 '개인화한 초연결'로 수렴됐다. 대부분의 혁신은 개인의 니즈에 호응하는 소비자 최적화에 초점이 맞춰졌다. 여러 플랫폼에서 해당 기술을 적용하려는 노력도 엿볼 수 있었다. 특히 CES 전면에 등장한 모빌리티는 이동 수단을 넘어 콘텐츠를 소비하는 하나의 플랫폼으로 자리매김할 태세다.

개인화한 초연결 기술의 대두

개인화한 초연결 기술은 가상세계로까지 영역을 확장, 메타버스 산업의 현실적인 진화를 두드러지게 보여줬다. 그간 CES 무대의 주인공 역할을 해온 삼성전자와 LG전자는 CES 2023에서 '실용'에 초점을 맞춘 혁신을 선보였다. 새로운 기술을 개발하기보다는 기존 기술을 가공·연결하고, 협업을 통해 호환성을 높이면서 고객에게 새로운 경험을 제시하는 쪽으로 방향을 선회했다. 실제 삼성전자는 사용자가 인지하지 못하는 상태에서 편의를 제공하는 기술인 캄테크^{Calm Tech}를 기반으로 한 초연결 기술을 선보였다. 신제품 대신 '제품 간 호환'이라는 콘셉트를 들고 나온 것이다.

삼성전자는 AI 기술을 활용하는 동시에 파타고니아^{Patagonia}, 필립스^{Philips}와 같은 다른 영역의 기업과 협업을 통해 제품 간 원활한 연결을 지원하겠다고 밝혔다. 스마트싱스 스테이션^{SmartThings Station}은 삼성전자 제품뿐 아니라 필립스의 조명 휴^{Hue}, 아마존 초인종인 링^{Ring} 등 타사 제품들과 연결해 이용자가 편리하게 컨트롤 할 수 있게 고안됐다. 하나의 컨트롤타워에서 여러 기기들을 쉽게 제어할 수 있게 하면서도, AI 데이터를 기반으로 이용자가 필요로 하는 맞춤형 경험을 제공한다는 개념이다.

LG전자는 TV 사업 부문에서의 '전환'에 대해 강조했다. TV 판매가 줄고 있는 상황에 스마트 TV를 광고 플랫폼으로 활용하겠다는 전략을 내놨다. 이를 위해 LG전자는 파라마운트^{Paramount}가 확보한 콘텐츠를 무상으로 제공하기로 했다. 파라마운트의 무료 스트리밍 서비스인 플루토TV^{Pluto TV}를 LG 채널을 통해 제공하는 방식이다. 대신 시청자 취향에 맞는 맞춤형 타깃 광고를 내보낸다. 여기에 LG전자는 스마트 TV에 탑재한 웹 OS를 통해 홈트레이닝이나 아트플랫폼 같은 다양한 콘텐츠를 즐길 수 있도록 했다. CES를 대표하는 한국의 두 주요 가전기업이 모두 '개인화된 초연결 경험'을 화두로 꺼내든 것이다.

모빌리티 공간의 확장

CES 2023에서는 '모빌리티 공간의 확장'이라는 화두 또한 눈길을 끌었다. 300개 이상 기업들이 참가한 모빌리티 전시관인 웨스트홀은 모터쇼를 방불케 하는 역대급 규모로 조성됐다. 주목할 만한 점은 내연기관차가 사라졌다는 점이다. 자동차=전기차가 됐다. 적어도 CES에서 전기차는 자동차의 기본이 됐다는 의미다.

CES에 참가한 모빌리티기업들은 전기차에 관련하여 자율주행 기술, 스크린 등 소프트웨어를 활용한 차량 내 경험을 혁신 기술로 들고 나왔다. 특히 5G 기반의 차량사물통신^V2X 기술은 차량을 엔터테인먼트 및 쇼핑 경험이 가능한 마켓플레이스로 바꾸었다. V2X는 차량과 차량 사이의 통신은 물론, 차량과 사물 간의 통신을 총칭한다.

산업 간 영역 파괴는 더 이상 새로워 보이지 않았다. 모빌리티가 '움직이는 스마트폰'으로 진화함에 따라 개인들의 개성을 드러내는 도구로 변하는 모습도 목격할 수 있었다. 과거 획일적으로 차를 찍어냈던 완성차 업계가 개인화에 초점을 맞춘 기술과 서비스를 선보이기 시작한 것이다.

독일 완성차 업체 BMW는 CES에서 방문객들의 관심을 가장 많이 받은 기업 중 하나였다. 이 기업이 선보인 콘셉트 모델 아이비전 디^iVision Dee는 이 잉크^E-ink 기술을 탑재해 지난해보다 더 다양한 32가지 차체 색상을 실시간으로 바꾸는 기술을 소개해 호평을 받았다.

눈앞에 다가온 메타버스 시대

CES 2023에서는 메타버스의 진화도 눈길을 끌었다. 메타^Meta의 부진이 야기한 메타버스 회의론이 무색할 만큼 기업들은 뜬구름 잡는 기술 대신, AR·VR 등 실용적인 기술 개발에 대한 도전을 이어갔다. CES를 주관하는 CTA도 연례 프레젠테이션 '테크트렌드 투 워치'에서 "생각했던 것보다 메타버스는 훨씬 더 가까이 와 있다"면서 메타버스를 주목했다. 메타버스 중심으로 사물이 구현되는 MoT^Metaverse of Things라는 개념도 등장했다.

센트럴홀에 들어선 메타버스 전시장에는 마이크로소프트를 비롯한 다양한 메타버스 기업들이 관련 기술을 소개했다. 특히 가상공간에서 몰입도를 높여주는 스마트 글래스와 햅틱[Haptic] 디바이스 등이 관람객들에게 인기를 끌었다. 한국 기업인 비햅틱스[Bhaptics]는 메타버스 게임에서 사용할 수 있는 조끼와 장갑 등을 공개했다. 헤드기어와 조끼, 장갑을 착용한 이용자들은 실제와 유사한 진동과 충격을 느낄 수 있다.

한층 더 진화한 기술도 등장했다. 미국 버몬트주에 본사를 둔 OVR 테크놀로지[OVR Technology]는 향기 카트리지가 장착된 VR 장치로 다양한 향기를 뿜어내는 기술을 선보여 관심을 끌었다. 메타버스 공간에서 후각을 구현한 기술이다. 개인화된 초연결 시대를 구현하려는 노력은 메타버스 시대를 더욱 앞당기고 있는 것으로 보인다.

데이터를
위한
초연결

◉　　　　"사람들에게 자신이 그리는 미래를 상상해본 후 과거의 한 장면을 떠올려보라는 실험을 했습니다. 놀랍게도 두 경우 모두 활성화된 뇌 부위가 일치했습니다. 즉, 인간이 아무리 새로운 것을 상상하더라도 과거의 경험과 학습으로부터 자유로울 수 없다는 뜻입니다. 하지만 나와 다른 사람들을 모아놓고 함께 미래를 상상해보라고 하면 어떤 일이 벌어질까요? 머리를 맞댄다면 우리는 전혀 예상치 못한 미래를 그릴 수 있습니다. 인류가 2만 년간 눈부신 발전을 이룩한 건 이처럼 서로 연결되어 있었기 때문입니다. AI, 메타버스, 웹 3.0은 시공간의 제약을 넘어서 초연결을 가능케 해주는 매개체가 될 것입니다."

'알쓸신잡'으로 유명한 장동선 궁금한뇌연구소 대표는 올해 CES에 처음

장동선 궁금한뇌연구소 대표가 CES 2023 더밀크의 K-이노베이션 나이트에서 '연결'을 주제로 기조연설하는 모습 (출처: 더밀크)

으로 참가했다. 그는 CES 2023에 본격적으로 등장한 테마인 메타버스, 웹 3.0, AI와 결합된 기술이 그 개방성과 연결성으로 새로운 세상을 주도할 것이라고 보았다. 그는 '연결'의 관점에서 메타버스가 시공간의 제약을 획기적으로 극복한 미래 인터넷이 될 것이라고 내다봤다. 웹으로 연결된 '평면' 공간이, 사람·공간·자산이 입체적으로 연결된 공간으로 바뀌고 있다는 것이다. 또 가상현실 속 나와 실제 나와의 연결고리를 증명해주는 기술이 블록체인을 기반으로 한 웹 3.0이 될 것이라면서 "메타버스, 웹 3.0 등이 또 한 번의 인류 발전을 가져올 핵심 키워드가 될 것"이라고 전망했다.

AI, 특히 생성형 AI 기술이 빠르게 발전하고 있다는 점도 '초연결성'의 특징이다. 그림을 그리지 않고 텍스트만 입력해도 웹툰을 만들어주고, 단어 몇 개만 입력하면 멋들어진 글을 써주는 시대다. 아무리 AI라 해도 쉽게 침범할 수 없을 거라 여겼던 창작의 영역도 어느새 AI가 인간을 넘어섰다는 평가가 나올 정도다. AI 기술의 본질도 데이터수집이다. 서비스를 통해 수집한 수많은 데이터를 바탕으로 인간의 행동을 예측하고 그 안에서 새로운 비즈니스 기회를 찾는 것이 핵심이다.

데이터 산업의 무궁한 가능성

올해 CES에서 최고혁신상을 받은 프랑스 스타트업 ACWA 로보틱스 ACWA Robotics의 클린 워터 패스파인더Clean Water Pathfinder는 물흐름을 막지 않고 수도관을 돌아다니며 관 두께·부식·석회화 여부를 확인하는 로봇이다. 많은 이들이 이 로봇의 기능과 ESG적 측면에 주목하지만, 이 기업이 궁극적으로 노리는 건 로봇을 통해 도시 전체의 수도 파이프라인 데이터를 수집해 이를 활용하는 비즈니스모델이었다.

매터Matter도 이번 행사의 최대 화두가 연결성이었다는 사실을 잘 보여준다. 매터는 사물인터넷IoT의 통신 표준이다. 구글·아마존·삼성전자·애플·샤오미·필립스·테슬라·LG전자·텍사스 인스트루먼트 등 주요 기업이 표준을 만드는 데 참여, 지난해 10월 1.0 버전이 나왔다. 이를 바꿔 말하면 이제 다양한 기업의 제품을 매터로 연결할 수 있다는 의미다. 매터는 스마트홈 산업의 지형이 바뀌고 있다는 것을 증명했다. 기업에는 경쟁사의 제품과 모두 결합할 수 있다는 점에서 기회가 될 수도, 위기가 될 수도 있지만, 소비자들은 다양한 기업의 장치를 더 쉽게 연결할 수 있게 됐다.

매터 표준에 기반한 스마트조명 제품도 여럿 나왔다. 고비Govee는 사용자가 영화를 보거나 게임을 할 때 적합한 조명을 제공하는 M1 스트립 조명을 선보였다. 구글홈Google Home으로 제어할 수 있다.

LG는 특히 이번 CES에서 7년 만에 LG 시그니처LG Signature 2세대 가전을 공개했다. LG가 내세우는 초프리미엄 가전 라인으로, 매터로 연결성을 강화하고 AI 기술로 한층 정교한 기능들을 선보였다. 더블 슬라이드인 오븐Double Slide-in Oven 제품의 경우 내부에 장착된 카메라를 통해 음식물을 분석하고, 요리가 완성될 때까지 스스로 최적의 조리 온도와 시간값을 조절한다. 후드 겸용 전자레인지 제품의 경우 스마트 인스타뷰를 통해 실시간으로 요리의 진행 상태와 에너지 사용량을 확인할 수 있다.

나노리프Nanoleaf는 CES 2023에서 사용자가 그간의 사용 패턴을 기반으로 조명을 제어하거나 조명을 직접 만들 수 있는 천장 스마트조명 스카이라이트Skylight를 선보였다. 정사각형 모듈식 RGBW LED 패널을 사용한다.

이 시스템은 일상적인 사용을 위한 기능성 백색광과 1,600만 가지 색상 및 밝기 옵션을 제공한다. 130년 역사를 가진 조명 기업 GE라이팅GE Lighting은 이번 행사에서 1,600만 가지 색상, 사전 설정 및 맞춤형 조명, 온디바이스 음악 동기화, 다이내믹 효과 기능을 장착한 스마트조명을 선보였다.

자동차기업의 야심은 자동차기업 그 이상이 되는 것

데이터수집·관리 전략으로 주목해야 할 또 다른 기업은 가전이 아닌 자동차기업이다. 다국적 자동차기업 스텔란티스Stellantis는 새로운 전기차 개발과 동시에 소프트웨어 개발도 추진하는, 이른바 양동작전을 발표했다.

카를로스 타바레스Carlos Tavares 스텔란티스 CEO는 CES 2023에서 하드웨어와 소프트웨어 동시 개발이라는 기업의 전략을 그대로 보여줬다. 특히 차량 데이터를 제품화한 모빌리사이츠Mobilisights 계획을 강조했다. 모빌리사이츠는 기업 간 데이터 서비스, DaaSData as a Service를 의미한다. 데이터는 스텔란티스의 커넥티드 차량 데이터를 활용한다. 민간기업, 공공부문, 교육 및 연구 기관 등 다양한 단체에 커넥티드 차량에서 추출한 센서 및 기타 데이터를 제공, 이들의 데이터 기반 의사 결정과 애플리케이션 및 서비스 포트폴리오 구상을 돕는다는 계획이다. 예를 들어 차량 데이터는 개인화된 보험, 도로위험 감지 및 교통관리 시스템 등에 활용할 수 있다는 게 타바레스 CEO의 설명이다. 스텔란티스는 모빌리사이츠 서비스 확대를 위해 2030년까지 3,400만 대를 대상으로 데이터를 수집한다는 계획이다. 해당 서비스로 2030년까지 연간 약 200억 유로(약 27조 원)의 추가 수익을 창출할 것으로 기대하고 있다. 사업부는 독립적으로 운영되며 타 기업과도 협업할 예정이다.

타바레스 CEO는 "우리는 예측·유지·관리부터 경로계획·충전지점 파악까지 EV 데이터 소유권을 개인화할 것"이라면서 "타사 애플리케이션과 서비스공급자들의 시스템을 통해 제품을 보완할 수도 있다"고 강조했다. 스텔란티스는 이날 소프트웨어 외에도 각 브랜드별 신차를 공개했는데 신차도 모두 '연결성'에 주목한 제품들이다.

특히 주요 브랜드인 푸조Peugeot가 공개한 전기 콘셉트카 인셉션Inception이 대표적이다. 인셉션은 빠르면 2025년에 출시될 예정이다. 길이는 5m이지만 높이는 1.34m에 불과한 스텔란티스의 STLA 대형 플랫폼을 기반으로 만들어졌다. 푸조의 실내 공간을 재설계한 차세대 아이−콕핏i-Cockpit 안에 새로운 제어 시스템인 하이퍼스퀘어Hypersquare를 배치했다. 하이퍼스퀘어는 비디오게임에서 영감을 받아 직사각형 핸들 모양으로 디자인됐다. 운전대에 손을 대고 엄지손가락만 움직여도 날씨를 확인하거나 라디오 볼륨 등 다양한 제어장치에 접근할 수 있다.

스텔란티스는 CES 2023에서 모듈형 소프트웨어 플랫폼이자 승차공유 서비스인 프리투무브Free2move도 발표했다. 프리투무브는 360도 멀티모달Multimodal과 원스톱 쇼핑 플랫폼, 전기자전거, 전동스쿠터와 같은 마이크로 모빌리티 및 자율 운송 등의 서비스를 지원한다.

초연결이 브랜드의 힘 드러낼 것

CES 2023에는 전자 및 모빌리티 전시만 있었던 것이 아니다. 콘텐츠 사업자들의 전시장이 집중됐던 테크사우스 전시장 C스페이스 아리아에서는 할리우드 톱 광고주들과 스튜디오 임원들이 디지털미디어, 스트리밍 서비스, 웹 3.0 등의 주제로 브랜드의 미래를 제시했다. 특히 전 세계 모든 성공하는 브랜드는 어떤 식으로든 T와 C에 초점을 맞추고 있었다는 의견이 제시됐다. T로 시작하는 단어는 신뢰(Trust), 투명성(Transparency), 재능(Talent), 기술(Technology), 변화(Transformation)이고, C로 시작하는 단어는 콘텐츠(Content), 상업(Commerce), 문화(Culture), 창의성(Creativity), 커뮤니티(Community), 큐레이션(Curation), 현금(Cash) 등이다.

CES에 모인 콘텐츠 전문가들이 강조한 것은 '변화한 세상에서 살아남는 전략은 기본에 충실하는 것'이다. '재미있는 이야기와 가치 있는 브랜드'가 그것이다. 유니버설 스튜디오 그룹 대표 펄레나 이그복위Pearlena Igbokwe도 CES 2023을 찾았다. 〈버라이어티Variety〉 공동 편집자 신시아 리틀톤Cynthia Littleton은 이그복위와 단독 인터뷰를 진행했다. 인터뷰는 그녀가 책임지고 있는 스튜디오들에 집중됐다. 이그복위는 유니버설이 가지고 있는 스튜디오 3곳을 총괄하고 있다. 그녀는 "우리는 현재 경기침체기에 접어들고 있다. 모든 사람들이 경비를 절감하고 수만 명의 사람들이 해고되고 있다"고 말했다. 그녀는 또 "그러나 사람들이 TV쇼 시청을 그만두지는 않을 것이다. 만약 당신이 좋은 영화와 재미있는 쇼를 가지고 있다면 시장에서 성공할 가능성이 있다"고 언급했다.

글로벌 틱톡 스타 마크 다멜리오Marc D'Amelio와 딕시 다멜리오Dixie D'Amelio도 CES 2023에 등장했다. 부녀 관계인 이 둘은 다른 딸 찰리 다멜리오Charlie D'Amelio가 춤 동영상으로 유명인이 되자 덩달아 셀럽이 됐다. 2023년 1월 현재 찰리의 틱톡 팔로워는 1억 4,950만 명이고 딕시는 5,750만 명이다. 이들 가족은 훌루^{Hulu}의 리얼리티쇼 '다멜리오쇼^{The D'Amelio Show}'에 함께 출연했다. 2021년에 시작된 이 쇼는 크게 성공했다. 마크 다멜리오는 CES 2023에 참여해 "지적재산권 모두가 우리에게 있기 때문에 우리는 다양한 제품을 만들 수도 있다"며 "2023년 5월 여성 신발 브랜드도 런칭할 것"이라고 말했다. 찰리 다멜리오의 성공 비결은 진실함이다. 그녀는 인터뷰에서 "틱톡에서 초기에 나는 보다 진실된 모습을 많이 보여줬다"며 "완벽한 모습이 아닌 내 자신의 모습을 보여준 것이 성공의 비결"이라고 설명했다. 그녀는 또 "나는 완벽하길 원하지 않는다"고 말했다.

프란신 리^{Francine Li} 라이엇 게임즈^{Riot Games} 글로벌 마케팅 책임자는 C스페이스 기조연설에서 초연결된 세상에서의 브랜드 중요성에 대해 강조했다. 그는 다음과 같이 말했다.

"우리가 하는 모든 의사결정은 어떻게 하면 우리 플레이어의 경험을 개선할 수 있을지에 집중되어 있다. 플레이어는 게임과 가장 친밀하다. 기업은 더 이상 게임을 소유하지 않는다. 플레이어들이 소유한다. 우리는 그들이 만든 세상의 일부일 뿐이다. 우리는 3가지 방식으로 그들과 가치를 교환을 한다. 첫째, 항상 플레이어의 니즈에 귀 기울인다. 우리 마케팅팀과 상품팀은 멈추지 않고 커뮤니티와 함께 진화한다. 예를 들면, 가장 인기가 많은 리그 오브 레전드는 플레이어 피드백에 따라 2주마다 개선을 진행한다. 둘째, 브랜드의 신뢰와 진정성을 관리한다. 우리는 항상 진정성 있게 플레이어들과 커뮤니케이션한다. 우리가 게임의 시스템을 건드리면, 그 이유를 설명한다. 우리가 실수하면, 우리는 사과하고 다시는 그 일이 발생하지 않도록 노력한다. 셋째, 플레이어 커뮤니티를 항상 주목한다. 그들 없이는 우리가 할 수 있는 것이 없기 때문이다. 예를 들면, 우리는 지난해 말, 커뮤니티에서 가장 활발한 플레이어를 선발해 맞춤 스플래시 아트를 만들고 소셜 채널에 게시해 함께 축하했다.”

로라 존스Laura Jones 인스타카트Instacart CMO는 “창의성, 크리에이터, 변화가 중요하다. 크리에이터들이 새로운 스타트업과 같다고 생각한다. 이 커뮤니티는 매일 문화를 발전시킨다. 하지만 크리에이터 비즈니스는 잘 지속되지 못하고 있다. 앞으로 이 부분에 대해 엄청난 변화를 보게 될 것이라고 생각한다. 브랜드와 커뮤니티를 이 분야에 참여시킬 기회를 만드는 것이 중요하다”고 말했다.

미래
성장동력

○　　　앞으로 테크 산업의 성장을 주도할 분야는 어디일까? CTA는 2023년 기술 산업에서 주목할 만한 3대 성장 영역으로 '기술 서비스', '자동차', '건강 및 피트니스'를 뽑았다.

　기술 서비스에 관하여 CTA는 게임·비디오·오디오·앱 등 관련 지출이 5년 연속으로 늘어나면서 올해 소비자 지출 규모가 1,510억 달러(190조 원)에 이를 것으로 추산했다.

　앞서 말했듯이 올해 CES 2023은 모터쇼를 방불케 하는 규모로 주목받았다. '라스베이거스 모터쇼'였다는 평가는 과장이 아니었다. 올해 자동차 생산 관련 기술 분야의 수익은 지난해보다 4% 늘어난 155억 달러(20조 원)에 이를 전망이다. 전기차의 핵심 부품인 배터리 생산 시설에 대한 투자가 이뤄지고 있기 때문이다. CTA는 "LG·파나소닉과 같은 기업들이 배터리 생산을 위한 인프라를 구축하고, 양산에 나서고 있다"며 "배터리 기술의 발전으로 전기차 생산 기업들이 더욱더 소비자 친화적인 옵션을 제공할 수 있게 됐다"고 분석했다.

　건강 및 피트니스 관련 기술에 관련해서 CTA에 따르면 피트니스 관련 서비스와 디지털 치료를 포함한 서비스 매출 규모는 올해 9% 증가한 9억 2,800만 달러(1조 1,600억 원)에 달할 것으로 예상된다.

　CTA는 "미국 식품의약국**FDA**이 정책을 변경함에 따라 처방전 없이 보청기 구입이 가능해졌다"며 "올해 미국의 보청기 부문은 8억 9,100만 달러(1조 1,241억 원)의 매출을 올릴 것으로 기대된다"고 밝혔다.

CTA는 가전 분야에서 프리미엄 제품에 대한 수요가 늘어날 것으로 예상했다. 다만 노트북·LCD TV·태블릿·스마트폰·게임 콘솔 등의 판매는 감소할 것으로 내다봤다. CTA는 "전체 TV 판매 시장은 정체되어 있지만, 업계가 프리미엄 제품에 집중하면서 OLED TV 부문은 올해 매출이 23억 달러(2조 9,000억 원) 늘어날 것"이라고 예상했다. 또 가정용 게임기 판매는 줄어드는 대신 휴대용 게임기 모델이 주목받을 것으로 예상했다. CTA는 "팬데믹으로 인해 휴대용 게임기에 대한 관심이 커졌다"며 "휴대용 게임 콘솔 분야의 매출은 전년 대비 41% 급증한 15억 달러(1조 8,920억 원)를 기록할 전망"이라고 한다.

적응하지 못하는 중국 기업들과 일본의 도요타, 도태의 신호일까?

CES 2023에서는 바뀐 환경에 적응하지 못하는 기업들도 눈에 들어왔다. 그중 가장 이목을 끄는 기업은 바로 중국 기업들이었다. 중국은 테크 분야에서 미국과 경쟁하는 명실상부 2강 국가다. 하지만 미중 갈등 이후 양국이 단절되었다. 혁신기술을 서로 교류하지 못하는 상황이 최소 지난 3년간 이어졌고 그 결과가 지금 나타나고 있는 것이다.

하이센스Hisens, TCL과 같이 중국에 본사를 둔 기업들은 8K TV와 미니 LED TV 등을 집중 소개했다. 빔프로젝터를 활용한 TV처럼 인기를 끌 만한 제품도 선보였다. 하지만 중국의 제품 소개에서는 어떻게 소비자에게 가치를 전달할지에 대한 고민이 느껴지지 않았다. 5~6년 전 한국의 삼성전자·LG전자·소니가 했던 전시를 그대로 중국 기업들이 이어가는 느낌이었다. 이번 CES에서 중국 기업이 퇴조한 듯한 인상을 주었다면 그것은 중국인과 중국 기업들의 참여율이 줄어들었을 뿐 아니라, 시대가 요구하는 혁신에 부응하지 못하는 모습을 보여주었기 때문이기도 하다.

도요타^{Toyota}는 또 다른 실망스러운 사례다. 한때 CES 전시장을 지배했던 도요타는 팬데믹 전후로 CES 무대에서 사라졌다. 기업의 비즈니스 전략이 바뀌고 있기 때문이다. 실제 2022년 12월 18일 전기차에 대한 도요타 회장의 '사일런트 매저리티^{Silent Majority}' 발언이 이목을 끌었다. 전기차는 하이브리드나 내연기관차의 한 종류일 뿐 대세는 아니라고 주장한 것이다. 하지만 미국을 중심으로 한 글로벌시장은 전동화를 빠르고 공격적으로 진행하고 있으며 CES 2023에서도 이를 여실히 확인할 수 있었다. 적어도 CES나 북미 시장에서 자동차는 곧 전기차였다. 하지만 도요타는 자동차의 완전한 전동화가 우리가 생각하는 만큼 빠르게 실현되지 않을 것이기 때문에 일단 하이브리드차를 타는 것이 더 안정적이고 실리적인 선택이라는 기조를 유지했다.

토요타 아키오^{Toyoda Akio} 사장은 지난 2022년 12월 〈월스트리트저널^{The Wall Street Journal}〉과의 인터뷰에서 "정답이 무엇인지 아직 분명하지 않기 때문에 하나의 선택지(전기차)로 국한하면 안 된다"고 강조했다. 이어 "자동차 산업 종사자 중 '조용한 대다수'는 전기차가 유일한 선택지라는 데에 의문을 제기하고 있다. 하지만 전기차 전환이 대세인 상황에서 쉽게 목소리를 내지 못하고 있는 것"이라고 의견을 전달했다. 하지만 이번 CES 2023에서 가장 주목받는 대세는 바로 모든 사물의 모빌리티화이며 이는 도요타의 관점과 반대된다.

도요타는 사실 지난 2021년 연말에 전기차 17종의 실물을 한꺼번에 공개하며 전기차 전쟁에 뛰어든 바 있다. 그러나 첫 전기차 bZ4X에서 치명적 결함이 발견돼 전액을 환불 조치하는 등 실패를 경험했다. 즉, 도요타가 전기차에 올인하지 않는 이유에는 자체 전동화 기술의 미성숙함이 포함되었을 수 있다. 이외에 전기차 회의론이 커진 이유에 배터리 원자재 및 부품 가격의 상승도 있을 것이다. 현재 글로벌 경기침체 속에 전기차 가격은 상승할 수밖에 없고, 전기차의 수요가 주춤할 가능성이 크다.

하지만 지금의 산업 전환 흐름을 볼 때 세계 최대 자동차 기업인 도요타가 거대한 흐름에 민첩하게 대응해 전면적으로 변화하지 않는다면 스마트폰 시장에서 도태된 노키아와 같은 운명에 처할 수도 있다. 이번 CES 2023에서는 소니 또한 전기차 모델을 선보였고 대다수 자동차기업과 조선기업, 기계를 생산하는 전통적 제조업체 또한 모빌리티 제품을 출시했다. 대부분이 성장이 아닌 생존의 관점에서 전면적 변화를 시도하고 있는 것이다.

이 같은 CES 현장 분위기가 전해졌을까? 도요타는 지난 1월 26일 토요타 아키오 CEO가 물러나고 사토 고지 도요타 최고운영책임자 겸 렉서스 사장을 새로운 CEO로 임명하는 전격적 인사를 단행했다. 아키오 CEO는 "우리는 자동차 산업에서 100년에 한 번 있을까 말까 한 변화에 직면해 있다. 젊은 세대가 모빌리티의 미래가 어떠해야 하는지에 대한 해답을 제시할 수 있도록 올바른 자리에 배치되어야 한다"라고 밝혔다. 또 "(나는) 디지털화·전기자동차·커넥티드카에 관해서는 구식이다. 자동차 전문가 이상이 될 수 없고, 이것이 한계"라며 "새로운 팀은 내가 할 수 없는 일을 할 수 있다. 젊은이들이 모빌리티의 미래를 위한 새로운 장을 열 수 있도록 이제 한 걸음 물러설 때"라고 말하며 퇴진의 이유를 말했다. CEO 교체를 통한 위기 극복 의지는 높이 평가할 만하지만 도요타의 이러한 행보의 효과는 조금 더 지켜봐야 할 것이다.

한국은 무엇에 어떻게 적응해야 하는가?

한국은 CES 2023에서 가장 주목받은 국가였다. 중소벤처기업부에 따르면 CES 2023에서 최고혁신상을 수상한 20개 사 중 9개 사가 우리나라 기업으로 전체 참가국 중 최다 규모다. 제품 수 기준으로 한국 제품은 개최국인 미국보다 많은 12개(52%)였다. 최고혁신상을 수상한 한국 기업 9개 사 중 벤처·스타트업은 5개 사로 LG전자·삼성전자·삼성전자 아메리카·SK 등 최고혁신상을 수상한 4개 대기업보다 그 수가 더 많았는데 이는 역대 최대 실적이다.

이처럼 외형적 실적이 상당함에도 CES를 주최하는 CTA에서 발표한 '2023 글로벌 혁신 스코어카드'2023 Global Innovation Scorecard' 결과는 충격적이었다. 글로벌 혁신 스코어카드는 CTA가 집계해 발표하는 국가별 혁신 순위다. 올해는 조세 제도, 환경친화성, 무역 정책, 인터넷·통신 역량 등 17개 범주에 걸쳐 총 40개의 지표를 측정, 점수를 산정했다. 한국은 미국·캐나다·스위스·영국·네덜란드·노르웨이·독일·프랑스·싱가포르·일본 등 25개 국이 포함된 '혁신 챔피언Innovation Champion' 그룹에 들어가지 못했다. 세계지식재산기구WIPO가 발표한 '2022 글로벌 혁신지수(6위)', 2021년 발표된 '블룸버그 혁신지수(1위)' 등 다른 평가 기관의 평가와 비교하면 상이한 결과다. 특히 이 결과는 CES 2023에서 한국 기업들이 맹활약을 펼치며 '혁신

국가'로서의 위상을 한층 끌어올렸다는 평가도 나오고 있던 시점에서 도출된 리포트여서 충격을 줬다.

왜 이런 결과가 나온 걸까? 혁신을 위해 지금 대한민국에 가장 필요한 것은 무엇일까? CTA가 글로벌 혁신 스코어카드를 처음 발표한 것은 2018년이었다. 한국은 당시 순위에서 20위를 기록했고, 이듬해인 2019년에는 24위를 기록한 바 있다. CTA는 코로나19 팬데믹의 영향이 컸던 2020~2022년에는 순위를 집계해 발표하지 않았다가 올해 집계를 재개했다. 한국이 포함된 혁신 리더 그룹에는 말레이시아·라트비아·폴란드·체코·헝가리 등 동남아시아, 동유럽 국가들이 주로 포진하고 있었다. 혁신의 '중진국'이란 뜻이다. 올해 분석 대상국에는 9개국이 추가돼 총 70개국 순위가 공개됐다. 일본은 한국보다 한 계단 높은 25위에 랭크됐다.

CTA 혁신지수는 경영 자유도, 인적 자본, R&D 투자 등 포괄적인 혁신 지표 외에도 창업 활동, 유니콘(기업가치 10억 달러 이상 비상장 스타트업) 비율 등 스타트업 관련 지표, 드론, 원격 의료, 자율주행차, AI 등 첨단 기술 개발 지표를 별도의 범주로 구분해 평가하는 게 특징이다. CTA의 혁신지수는 다양성·회복탄력성 등 혁신을 뒷받침하는 백그라운드 요소를 중요 범주로 나눠 분석한다는 점도 주목할 필요가 있다. 한국이 1위를 한 '블룸버그 혁신지수'는 GDP 대비 연구개발비에 높은 가점을 준다. 하지만 CTA 지수는 혁신의 문화적 배경에 더 집중했다. 전 세계가 팬데믹이라는 전례 없는 위기를 겪은 후 재개된 집계라는 점을 고려하면 첨단 기술을 활용해 인간의 삶을 개선하는 비즈니스 분야에 대한 정책적 지원도 평가에 영향을 미쳤다고 볼 수 있다.

게리 샤피로 CTA 회장 겸 CEO는 "전 세계 혁신가들은 첨단기술을 활용해 놀라운 속도로 백신을 개발하고, 국경을 넘어 의료서비스를 제공했다"며 "2023년 혁신 스코어카드 결과에서 이런 기업가정신의 폭발적 확대를 포착했다"고 했다. 그는 이어 "혁신 챔피언 국가들은 혁신을 불러일으킬 뿐 아니라 새로운 기술을 시장에 출시해 수백만 명의 삶을 개선할 수 있는 정책들을 적극적으로 수용하고 있다"고 설명했다.

전문가들은 한국의 순위가 부진했던 건 R&D 투자 규모, 인적자본 같은 인프라나 첨단 기술력의 문제가 아니라 보수적인 사회 분위기 같은 문화적인 측면, 조세제도 같은 규제 항목 때문이라고 분석한다. 사이버보안 분야에 대한 인색한 투자, 높은 위험도 수준 역시 악영향을 미쳤다는 평가다. 실제로 한국은 주요 평가 항목 중 다양성 항목에서 D라는 저조한 점수를 기록했고, 세금 친화적 환경을 측정하는 조세제도 부문 역시 C에 그쳤다. 사이버보안 부문은 F라는 최저점을 받았다. CTA의 올해 혁신 순위 평가 결과는, 지속가능성·다양성·보안 부문의 개선 없이는 혁신이 불가능한 시대가 됐다는 걸 보여준다.

예컨대 이번 CES에서 삼성전자가 에코 패키징을 비롯한 지속가능성을 강조한 것은 소비자 트렌드 전환의 대표적인 사례였다. 삼성전자는 이번 CES 전시관 입구에 가장 먼저 보이도록 '지속가능성' 섹션을 마련해 TV 박스를 책꽂이·선반·반려동물 집 등으로 활용한 작품을 전시하기도 했다. 다양성 역시 색다른 아이디어 발현을 위한 중요한 토양으로 여겨진다. 올해 CES는 미국 소비자들이 환경보호·다양성 같은 사회적 가치를 얼마나 선호하는지 보여줬다. 메타버스·게임기업의 참여 및 전시가 확대된 것도 밀레니얼세대에 이어 Z세대의 부상이라는 주력 소비자 교체 트렌드를 반영한 것이다.

한국이 미래 혁신에 적응하기 위해 보완해야 할 점은 지속가능성·다양성·사이버보안 분야라는 것이 분명해졌다. 이와 함께 한국의 쌍두마차 삼성전자와 LG전자가 치열한 시장 경쟁에 승리하기 위해서는 미국의 중산층을 공략해야 한다는 분석도 나온다. 삼성과 LG는 전자제품, 특히 TV 분야의 선두를 다투고 있는 대표적인 글로벌기업이다. CES에서도 10년 넘게 해당 분야에서 주인공 자리를 차지하고 있다. 급변하는 테크 시장에서 선두자리를 10년 넘게 유지한다는 것은 대단한 성과라고 볼 수 있다.

하지만 이러한 지배력이 다음 10년에도 계속된다는 보장은 없다. 대표적 사례로 30년 전만 해도 최고의 위치에 있던 일본 가전이 지금은 선두자리를 빼앗긴 지 오래된 것처럼 말이다. 위기는 이미 데이터를 통해 수면에 떠올랐다. 2022년 상반기 삼성과 LG의 글로벌 TV 점유율은 48.9%로 나타났다. 대단한 수치이긴 하지만 작년의 성과 50.1%에 비해 소폭 하락했다는 사실에 주목할 필요가 있다. 하락 추세라는 것이다. 삼성과 LG가 두각을 드러내는 시장은 초대형 및 프리미엄 제품 시장이다. 앞으로도 판매 단가가 높은 이 제품들을 더욱 공략해 수익성을 올리겠다는 전략이다.

하지만 미국 전체 시장을 놓고 봤을 때는 '성장 시장'을 노릴 필요가 있다. 중저가 제품에서도 경쟁력이 있어야 한다는 것이다. 글로벌 인플레이션 상황에서 미국에서는 달러트리**Dollar Tree**나 월마트**Walmart**와 같은 중저가 제품을 판매하는 기업의 실적이 눈에 띄게 증가했다. 반면 월마트보다는 조금 더 프리미엄 이미지가 있던 타겟**Target**의 경우 실적 하락을 보였다. 또 하나 주목할 것은 히스패닉 인구가 지속적으로 미국에서 증가하고 있다는 점이다. 이들은 최소 3인 이상의 자녀를 낳는 대가구인 경우가 많으며, 중저가 제품들의 구매를 선호하는 경향이 강하다. 하이엔드 제품뿐 아니라 이러한 소비층을 타깃으로 한 가성비 좋은 중저가 제품을 만드는 것은 미국 시장점유율을 올리는 데 중요한 역할을 할 것으로 보인다.

실제로 중국·대만에서 제조한 중저가 대형 TV들이 블랙프라이데이 기간에 불티나게 팔렸다. 한국은 장기적인 관점에서 중저가 대표 모델 혹은 브랜드를 만들어 글로벌시장에서 한 자리를 차지할 필요가 있어 보인다. 하지만 중저가 제품을 내놓는 것만으로 충분치 않다. 계속해서 '혁신 제품'을 시장에 출시해야 한다. 아마존·구글·애플 등 빅테크에서 끊임없이 새로운 전자제품이 쏟아져 나오는 만큼, 삼성·LG 역시 계속해서 특색 있는 혁신 제품으로 충성 고객집단을 만들어야 할 것이다.

CES 2023에서는 AI를 활용한 기존 제품의 혁신과 기술의 고도화를 발견할 수 있었다. 또한 소비자의 사용성과 개인맞춤에 한걸음 가까이 다가가는 수단으로 AI가 적극 활용되었다. 국내 시장은 대표적인 가전의 테스트베드로, 스마트기기들의 글로벌 진출 잠재성을 평가해보기에 매우 적합하다. 기발한 아이디어와 고객의 까다로운 니즈와 피드백을 반영하여 참신하면서도 비용 면에서 부담 없는 가전제품들을 만든다면 글로벌 소비자들의 사랑을 받을 수 있을 것이다.

PART 2
모빌리티

:
:

명실상부
CES 2023
혁신의 주인공

정구민

서울대학교 제어계측공학과에서 학사·석사학위를, 전기컴퓨터공학부에서 박사학위를 받았다. 스타트업 네오엠텔과 SK텔레콤에서 근무했다. 현재 국민대학교 전자공학부 교수이며, 현대자동차, LG전자, 삼성전자, 네이버 자문교수와 유비벨록스 사외이사를 역임했다. ㈜휴맥스 사외이사, 현대오토에버 사외이사, 한국모빌리티학회 부회장, 한국정보전자통신기술학회 부회장, 대한전기학회 정보 및 제어 부문 이사로 재임 중이다.

○　　갑자기 닥친 코로나19 팬데믹은 모빌리티산업에도 큰 영향을 주었지만, 2022년에 코로나19 팬데믹이 끝나가면서 모빌리티산업은 타 산업의 발전을 이끌며 성장하고 있다. '모빌리티 100년 만의 패러다임 변화'의 핵심으로 꼽히는 전기차—자율주행—서비스로의 변화도 더욱 빨라졌다. 다만, 전 세계적으로 투자 감소·배송 감소·인건비 상승에 따라 전기차·자율주행·모빌리티 서비스는 서로 다른 발전 양상을 보이고 있다.

전기차 측면에서 주요 이슈로는 시장의 빠른 성장, 전기차 플랫폼 기반 기업의 호실적, 주요 기업의 최적화 경쟁, 후발 주자의 추격, 원자재 가격상승, 배터리 이슈 등을 꼽을 수 있다. 자율주행 측면에서 주요 이슈는 레벨 3 상용화 시작, 주요 기업의 자율주행 프로세서 상용화 로드맵 발표, 라이다 센서 양산 시작, 4D 이미징 레이더의 중요성 대두, 도심 자율주행을 향한 진화 등이다. 서비스 측면에서 주요 이슈는 배송 감소, 승차 호출 증가, 인건비 상승에 따른 공유 서비스 운영의 어려움, 자율주행 시범 서비스 증가 등이다.

도심항공교통Urban Air Mobility, UAM·로봇·스마트시티 등 관련 산업의 발전도 모빌리티산업과 연계해 바라볼 필요가 있다. 2024~2025년 실현을 목표로 하는 UAM 기술의 도약, 테슬라·현대 등 주요 자동차기업의 로봇산업 투자, 자율주행차와 커넥티드카 서비스를 위한 스마트시티 투자 등이 2022년의 주요 이슈였다.

CES 2023, 테크트렌드 투 워치 행사의 시사점

한 해의 혁신 기술 트렌드를 정리하는 CES 2023 테크트렌드 투 워치 행사에서는 모빌리티를 핵심 이슈로 꼽았다. CTA는 CES 2023 모빌리티 전시의 주제로 전기차와 전동화 생태계, 자율주행의 타 산업으로의 확산, 차량 내 경험의 변화를 제시했다. CTA가 제시한 모빌리티의 3대 주제는 '전기차 -자율주행-서비스'로의 흐름을 잘 보여주고 있다.

전기차와 전동화 생태계에 관련해서는 전기차 시장 성장, 주요 자동차기업의 전기차 투자 확대와 함께 전기차 충전 인프라의 중요성, 선박·UAM·로봇 등 전동화 생태계의 확장을 중점적으로 조명했다. 보급형 전기차에서 고급형 전기차, 중대형 전기차로의 진화도 하나의 트렌드로 꼽힌다. 배터리 용량 확대와 충전 인프라의 확충도 중요해졌다. 또한 전기 트럭, 전기 보트, UAM 기기로의 기술 확장 이슈도 주목받았다.

자율주행에 관련해서는 자율주행차의 진화와 함께 타 산업으로 발전하는 자율주행 기술이 이목을 끌었다. 자율주행 레벨 3가 본격화되면서 자율주행차의 현실적인 발전이 예상되는 상황이다. 2030년에는 미국에서만 16만 명의 트럭 운전사가 부족할 것으로 예상되는 가운데 자율주행 트럭도 중요한 역할을 하게 될 것이다. 자율주행 농기계, 자율운항 선박, 자율주행 UAM 상용화도 주요한 이슈였다.

서비스 측면에서는 차량 내 경험의 변화를 언급했다. 자율주행 기술이 확산되면서 차량 내 공간에서 멀티미디어 서비스의 중요성도 동시에 커졌고, 전기차에는 고용량 배터리가 지원되면서 멀티미디어 기기의 작동도 훨씬 원활해졌다. 음성제어·디스플레이·5G V2X·쇼핑·엔터테인먼트·FaaS의 차량 내 경험이 가능해질 것으로 예상된다. FaaS는 CTA가 새롭게 제시한 키워드이다. 소프트웨어로 각종 기능의 업데이트가 가능해지면서 다양한 서비스의 구독이 가능해지고, 이를 기반으로 각 기능에 다양한 FaaS가 나타나게 될 것이다.

메타버스와 웹 3.0에서 제시한 MoT와 MaaS^{Metaverse as a Service}도 모빌리티의 진화에 밀접한 관련이 있다. 앞으로 자율주행기업들은 도시 내의 각 사물을 가상화하고 이를 기반으로 자율주행 AI를 학습시켜 물리적인 자율주행 서비스를 제공할 것이다.

주요
자동차기업과
빅테크의
빅매치

○　　　CES 2023에는 BMW·벤츠^{Mercedes-Benz}·GM·폭스바겐^{Volkswagen}·스텔란티스 등 주요 자동차기업들이 참여하여 미래 비전을 제시했다. 현대자동차와 토요타는 불참하였으며, 베트남 빈패스트^{Vinfast}와 튀르키예의 토그^{Togg} 등의 신생 기업들도 2022년에 이어 모습을 보였다. 이외에도 SHM도 양산형 전기차를 선보였다.

구글·아마존·마이크로소프트(빅테크 3사) 등 빅테크 기업의 전시 확대는 모빌리티산업에 대한 높은 관심을 단적으로 보여준다. 작년에 오미크론 변이 바이러스로 전시를 취소했던 이 기업들은 올해 훨씬 더 확대된 전시로 크게 주목받았다.

미래 비전을 제시하는 주요 자동차기업

BMW는 기조연설을 통해서 아이비전 디 콘셉트카를 발표하여 큰 인기를 끌었다. BMW 전시장에서는 아이비전 디를 관람한 후, BMW 7 시리즈의 씨어터 스크린을 살펴보고, 시승할 수 있도록 전시장을 꾸몄다. 미래 비전으로 관심을 끌고 실제 차량을 타보도록 유도하는 전시 디자인이다.

BMW의 아이비전 디는 외장 색상을 바꾸는 기술, 혼합현실 디스플레이, 전기차 플랫폼의 3가지 기술이 특징적이다. 외장의 색상을 바꾸는 기술은 큰 인기를 끌었다. 지난 2022년에 전시한 흑백으로 색상이 바뀌는 콘셉트카인 아이엑스플로우[ix Flow]의 차세대 진화형이다. 이 잉크를 이용한 이 기술은 아직 시연용이며, BMW 관계자도 상용화가 멀었다는 의견을 피력했다. 외신에서는 가전 색상을 바꾸는 LG의 무드업과 비교하기도 했다. BMW는 혼합현실 디스플레이와 전기차 플랫폼의 상용화 목표 시기를 2025년으로 발표했다. 혼합현실 디스플레이는 차창의 투명도를 조절한 후에 헤드업 디스플레이[Head-Up Display] 기술과 유사하게 영상을 차창에 비춘다. 여기에는 이스라엘 기업 가우지[Gauzy]의 음영 조절 디스플레이 기술이 적용됐다. 승객은 자율주행 시에 창문을 불투명하게 조절하고 영상을 비춰서 영화를 보거나 혼합현실을 경험할 수 있다. 아이비전 디는 새로운 전기차 플랫폼인 노이에 클라세[Neue Klasse]를 기반으로 만들어졌다. 노이에 클라세는 사실상 전기 자율차 플랫폼으로 발레오[Valeo]의 ADAS[Advanced Driver

BMW 아이비전 디 [출처: 정구민]

Assistance Systems 제어기와 열관리 시스템이 탑재되며 배터리는 삼성 SDI 제품이 사용된다. 삼성 SDI가 공급할 배터리는 테슬라 4680 배터리와 유사한 4695 배터리나 46120 배터리가 사용될 전망이다. 새 배터리는 직경 46mm와 높이 95mm 또는 120mm 규격으로, 실리콘 음극재를 사용하여 효율을 높였다.

벤츠는 새로운 전기차인 EQE에서 차량 내 엔터테인먼트 기능들을 선보임과 동시에 지난해 온라인으로 공개된 1,000km 전기차인 비전 EQXX를 전시했다. EQE 차량 내 엔터테인먼트 기술 중 핵심은 오디오 기술이었다. EQE는 15개의 실내 스피커를 기반으로 깨끗한 음질을 제공한다. 여기에는 독일의 오디오 기업 버메스터**Burmester**의 기술이 적용된다. 콘텐츠 상영 및 스트리밍에는 애플·돌비**Dolby**·징크**Zync**의 기술이 적용된다. 비전 EQXX는 지난 2022년 시범 주행을 통해서 1,200km를 운행하는 시연을 보여주었다. 벤츠 측은 배터리 성능 개선과 공기 저항을 최소화한 디자인을 강조했다. 벤츠는 실리콘 배터리 기업인 실라**Sila**와 협력하여 새로운 실리콘 배

벤츠 EQXX(왼쪽)와 EQE(오른쪽) (출처: 정구민)

터리를 적용하기도 했다. 테슬라의 실라이온^{SilLion} 인수, 벤츠와 실라의 협력 등으로 실리콘 음극재 배터리 시장의 경쟁도 치열해지는 중이다.

전기차 후발 주자인 스텔란티스는 '2026년 전기차 상용화 전략'을 발표했다. 자사의 'STLA 플랫폼'을 기반으로 램 트럭스$^{Ram\ Trucks}$와 협업하여 'RAM 1500' 픽업트럭 모델 상용화를 추진하겠다는 내용이 핵심이었다. STLA 플랫폼은 800V 1회 충전으로 800km 운행이 가능하다. 스텔란티스는 피아트크라이슬러그룹^{FCA}과 푸조시트로엥그룹^{PSA}의 합병으로 출범하여 비용 절감과 수익성 개선이라는 목표를 달성했지만, 여전히 전기차 상용화 목표 시기는 타 경쟁사보다 늦기 때문에 추후 행보가 주목된다.

전시를 확대한 빅테크 3사

구글·아마존·마이크로소프트는 AI·클라우드·자율주행 기술을 주로 전시했다. 특히 클라우드를 통해 차량 데이터를 저장하고 분석하는 기술은 빅테크 3사의 독자적인 영역이 되어가고 있다. 이들은 AI 음성인식 시장과 자율주행 시장에서도 시장 확대를 도모하고 있다.

구글과 웨이모^{Waymo}는 안드로이드 오토모티브 플랫폼, 안드로이드 오토, 웨이모 자율주행차 등을 전시했다. 구글의 차량용 클라우드 시장점유율은 타 자동차기업들의 견제로 인해 크게 낮아진 상황이다. 2017년 출시된 구글의 안드로이드 오토모티브는 차량용 인포테인먼트 시장 확대를 위한 돌파구로 볼 수 있다. 기존 애플리케이션은 스마트폰용으로 설계되어 자동차기업에서 차량용으로 재설계를 해야 하는 부담이 있었다. 안드로이드 오토모티브는 처음부터 차량용으로 설계된 플랫폼이다. 스마트폰을 차량에 연결하여 화면을 미러링하는 기술로 애플의 카플레이와 유사하다. 구글은 볼보^{Volvo} EX90 모델에 안드로이드 오토모티브를 제공한다. 독일 3사 등 주요 자동차기업들은 구글의 '무료 배포 후 유료화 정책'과 '데이터 시장 장악 정책'을 우려하여 아직 자체 플랫폼을 고수하지만, 자체 플랫폼과 구글 안드로이드 오토모티브를 함께 시장에 내놓는 방안도 고려하고 있다.

웨이모는 자율주행 프로토타입, 현재 운행 중인 4세대 자율주행차량, 현재 운행 중인 5세대 자율주행차량, 중국 지리자동차^{Geely}와 협력한 5세대 플랫폼 기반 공유 서비스 전용 차량, 자율주행 트럭을 동시에 전시했다. 지리자동차와 협력한 웨이모의 행보는 여러 시사점을 갖는다. 마치 구글이 삼성과 안드로이드폰을 설계할 때처럼, 웨이모와 지리자동차의 전기차 브랜드 지커^{Zeekr}는 공유 서비스를 위한 자율주행차를 공동으로 설계했다. 구글 관계자는 스웨덴의 지리 설계팀이 큰 역할을 했다고 밝혔다. B필러 없이 사용자가 편하게 승하차할 수 있는 디자인, 지붕에서 사용자의 이니셜을 보여주는 디자인 등을 통해서 승차 공유에 최적화된 디자인을 실현했다. 웨이모는 이 차량을 앞으로 모빌리티 서비스 기업에 공급할 예정이라고 밝혔다. 자율주행 트럭 브랜드인 웨이모 비아Waymo Via도 눈에 띈다. 뚜렷한 수익 모델이 없는 웨이모에게 자율주행 트럭의 상용화는 큰 힘이 될 전망이다. 2024년부터 본격화될 자율주행 트럭 시장에서 수익모델을 찾는다는 전략이다. 실제로 CES 2023에서는 웨이모 비아를 비롯해서 플러스Plus · 가틱Gatic · 토크로보틱스Torc Robotics 등 많은 자율주행 트럭 기업들이 전시를 진행했다.

아마존은 AI 음성인식과 아마존 웹 서비스AWS기반의 다양한 서비스를 선보였다. 음성인식 시장에서는 구글에 많이 밀리지만, 클라우드 서비스에서는 마이크로소프트와 함께 차량용 클라우드 시장을 주도하고 있다. 아마존은 음성인식 시장에서 더 나아가 인포테인먼트 플랫폼 공급을 노리는 전략을 구사하고 있다. 현재는 음성인식 엔진뿐만 아니라 그래픽 엔진까지 제공하고 있다. 전시장에서 만난 루시드Lucid의 전기차에는 아마존과 협업하여 개발한 음성인식 기능이 탑재되어 있었다.

아마존은 클라우드 서비스로 정확한 소비자 분석, 차량 분석 등이 가능하다는 것을 보여주었다. 이외에도 소비자의 구매 패턴 및 차량 부품 교체 시기를 분석하여 상품을 추천하는 서비스, 부품 판매 서비스, 보험 연계 서비스, 자율주행 트럭 기업인 토크의 데이터분석, 전기차를 위한 새로운 데이터 포맷 제시 등 다양한 전시가 있었다. 별도로 마련된 죽스Zoox의 전시장에서는 자율주행 셔틀이 전시되기도 했다.

마이크로소프트도 가틱과 협업한 자율주행 트럭, ZF와 협업한 자율주행 셔틀 등에 적용된 서비스를 선보였다. 마이크로소프트는 관련 소프트웨어

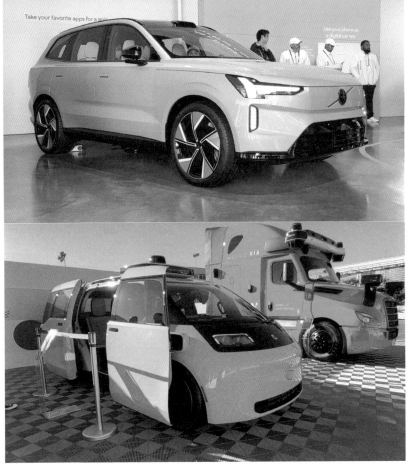

안드로이트 오토모티브를 탑재한 볼보 EX90(위)과 웨이모-지리 협력 자율주행차·자율주행트럭(아래) (출처: 정구민)

와 클라우드 서비스를 자율주행 트럭과 셔틀에 제공하고, 보안 및 데이터 분석 서비스도 강화하고 있다.

자율주행
기술이
그리는 미래

ㅇ 보쉬^{Bosch}·현대모비스·콘티넨탈^{Continental}·발레오·ZF·앱티브^{Aptiv} ·AVL 등 주요 부품사들은 프레스 컨퍼런스와 전시를 통해서 전기차–자 율주행–서비스에 대한 다양한 비전을 제시했다. 특히 소프트웨어 정의 자 동차^{Software-Defined Vehicle, SDV}를 지원하기 위한 새로운 전기전자 플랫폼 구조, 라이다 및 4D 이미징 레이더 등 자율주행 센서, ADAS와 자율주행을 지원 하는 새로운 제어기 구조, 전기차 플랫폼, 자율주행 셔틀 등이 전시되었다.

보쉬의 발표와 전시에서는 자율주행 센서와 새로운 통합 제어기 구조가 제시되었다. 보쉬는 2025년 레벨 4 수준의 라이다를 대량 양산한다고 발 표했다. 300m, 고정형, 1,550nm 사양의 이 라이다는 라이다 경쟁사인 루 미나^{Luminar}를 겨냥한 것으로 보인다. 라이다 시장의 활성화가 기대된다.

전기차–자율주행–서비스를 향한 부품기업들의 약진

현대모비스는 엠비전 HI와 엠비전 TO라는 2개의 자율주행 셔틀을 전 시했다. 90도 회전이 가능한 바퀴를 이용하여 제자리 회전이나 수평 이동 을 지원하는 점이 특징이다. 현대모비스는 차량용 디스플레이 기술, 부품 수를 절약하는 서스펜션 기술로 혁신상을 수상했다.

콘티넨탈은 암바렐라^{Ambarella}와 협력한 자율주행 제어기를 전시했다. 자 율주행 레벨 2~4를 지원하는 이 제어기에는 새롭게 자율주행 시장에 진입

ZF의 SDV 지원 플랫폼(위)과 모비스의 엠비전 TO(아래) (출처: 정구민)

하는 암바렐라의 CV3 프로세서가 탑재됐다. 두 기업 관계자에 따르면 이 프로세서는 엔비디아**NVIDIA**의 오린 프로세서에 비해서 2~5배 향상된 처리 속도, 1/6~1/5 감소된 전력 소모량을 자랑한다. 2022년 말에는 보쉬와 암바렐라의 협력이 발표되기도 했다. 기존 모빌아이**Mobileye**—엔비디아—퀄컴 **Qualcomm**의 경쟁 구도를 넘어서 새로운 프로세서가 시장에 등장하게 될지 주목된다.

ZF는 SDV를 위한 통합 제어기·센서 시스템·구동 시스템을 선보였다. 자율주행 프로세서 기반으로 설계된 통합 제어기와 소프트웨어로 다양한 기능을 제공하는 플랫폼 구조를 제시했다. 브레이크나 가속 페달의 감도, 자율주행 시의 가감속 조절 등을 SDV로 쉽게 조절할 수 있도록 했다는 점을 강조했다. ZF는 새로운 자율주행 셔틀을 선보이기도 했다.

발레오는 전기차 열관리 시스템과 ADAS 제어기를 선보였다. 이 두 기술은 모두 BMW의 노이에 클라세 플랫폼에 탑재된다. 발레오는 현재 차량에 탑재되어 상용화된 라이다 대부분이 자사 제품인 점을 강조했다. 성능·내구성 등이 충분히 검증되었지만 만족하지 않고 앞으로도 시장에서 앞서나갈 수 있도록 노력할 예정이라고 밝혔다. 발레오는 2024년 스텔란티스 자율주행 레벨 3 차량에 3세대 라이다를 탑재할 예정이다.

자율주행 프로세서와 센서

2023년은 자율주행 프로세서가 본격적으로 상용화되는 시점이다. 엔비디아 오린 프로세서를 탑재한 차량을 볼보는 2023년, 벤츠는 2024년에 상용화할 예정이다. 2022년 5월 폭스바겐Volkswagen은 퀄컴과 2026년부터 6년간 10억 유로(1조 3,500억 원) 규모의 자율주행 프로세서를 공급받기로 제휴한 바 있다. 폭스바겐은 이와는 별도로 2022년 10월에 중국의 AI 프로세서 기업인 호라이즌 로보틱스Horizon Robotics의 지분 60%를 인수하는 등 자율주행 프로세서 관련 투자를 강화했다.

자율주행 프로세서 상용화는 라이다 센서의 상용화와 맞물려서 진행되고 있다. 루미나는 볼보·벤츠와, 이노비즈Innobiz는 폭스바겐과, 셉톤Cepton은 GM과 양산 계약을 체결했다. 즉, 자율주행 프로세서-자율주행 라이다 센서−자율주행 소프트웨어로 이어지는 자율주행 플랫폼이 정형화되고 있는 것이다. 2025~2027년 정도에는 주요 자동차기업들의 자율주행 플랫폼이 안정화되면서, 자율주행이 본격적으로 발전하며 도심 자율주행의 패러다임이 바뀔 것으로 보인다.

모빌아이·엔비디아·퀄컴의 자율주행 프로세서 경쟁은 CES 2023에서도 치열했다. 이들 기업은 각자의 장점을 살리면서 시장 진입에 노력하고 있다.

선두 기업인 모빌아이는 이번 전시에서 카메라 기반의 자율주행차와 카메라−라이다 기반의 자율주행차를 동시에 전시했다. 모빌아이는 2022년 4월, 마이애미에서 2주 만에 자율주행을 성공한 후 2022년 7월 1억 1,700만 대의 차량에 자사의 ADAS 카메라 기술이 탑재되었다고 발표했다. 차량에 탑재된 카메라로 데이터를 수집하여 주요 도시의 정밀지도를 구축하고, 이 정밀지도를 통해 AI가 자율주행을 학습하게 된다. 마이애미 자율주행도 가상공간에서 주행 AI를 학습시킨 후 실제 차량으로 테스트만 진행한 결과이다. 현재 모빌아이는 프로세서−카메라−라이다−레이더−정밀지도−자율주행 기술 등 모든 기술을 내재화하면서 자동차기업들과 협력을 강화하는 전략을 취하고 있다.

루미나와 구글의 전시장에는 올해부터 상용화 예정인 볼보 EX90이 전시되었다. 볼보 EX90은 엔비디아의 자율주행 프로세서 오린과 루미나의 아이리스 라이다를 탑재하고 있다. 오린 프로세서는 250TOPS[Tera Operation Per Second]의 성능을, 아이리스 라이다는 1,550nm 파장으로 250m를 볼 수 있는 성능을 가지고 있다. 엔비디아−루미나의 조합은 2024년에 벤츠 차량에서도 볼 수 있을 것이다.

퀄컴은 자사의 스냅드래곤[Snapdragon] 라이다 공급으로 지난해 폭스바겐과 2026년부터 2031년까지 10억 유로의 계약을 체결하여 화제가 되었다. 후발 주자인 퀄컴이 폭스바겐과 계약하면서 관련 시장의 경쟁도 치열해질 것으로 보인다.

CES 2023에서는 암바렐라가 새롭게 등장했다. 콘티넨탈·보쉬 등 주요 부품사와 협력을 발표하면서 새로운 다크호스로 떠오르고 있다. 신생 기업의 등장에 따라 주요 자동차기업와 부품사들은 선택의 폭을 넓혀 상용화를 가속화할 수 있을 것으로 보인다.

CES 2023에서 라이다 센서의 경쟁 양상은 전년도와는 크게 달랐다. 루미나·이노비즈·셉톤 등 자동차기업와 양산 계약을 맺은 스타트업뿐만 아니라 보쉬·콘티넨탈·발레오 등 주요 부품사들도 대량 양산을 발표한 것이다. 특히 CES 2023에서 보쉬가 2025년부터 대량 양산을 선언한 점은 라이다 시장에 큰 영향을 줄 것으로 보인다. 한국의 LG이노텍과 에이치엘클레무브^{HL Klemove}도 카메라·라이다·레이더 센서를 전시했다. 에이치엘클레무브는 자사의 자율주행 레벨 4 시범 주행 차량에 자사의 센서를 탑재하기도 했다.

루미나·이노비즈·셉톤은 각각 볼보·벤츠, 폭스바겐, GM과 양산 계약을 맺으면서 라이다 센서 경쟁에서 한발 앞서 있는 상황이다. 이들을 비롯해서 아에바^{Aeva}·에이아이^{AEye}·허사이^{Hesai}·오우스터^{Ouster}·이노뷰전^{Innovusion}·와이드아이^{Wideye}·옵시스^{Opsys} 등의 해외 기업과 한국의 SOS랩^{SOSLAB}·카네비모빌리티^{Kanavi Mobility}·오토엘^{AutoL}·아이탑스오토모티브^{Itops Automotive} 등도 라이다 센서를 전시했다.

라이다 센서 상용화에서 설치 위치는 매우 중요하다. 루미나·이노비즈·허사이·이노뷰전은 지붕 앞부분에 라이다 센서를 설치했으며, 별도의 클리닝 모듈을 탑재했다. 소니의 아필라도 지붕 앞부분에 라이다 센서를 탑재하고 있다. 셉톤·와이드아이·옵시스는 제품을 차창 내에 설치했다. 이 경우에는 별도의 클리닝 모듈을 탑재할 필요가 없어서 설계가 간단해진다. 다만, 유리로 인한 성능 저하 가능성이 있으며 유리를 별도로 설계하는 경우 내구성 등 다른 요인에서 문제가 발생할 수 있다. 셉톤은 유리를 별도로 설계한다고 밝힌 한편, 와이드아이는 유리창에 의한 성능 저하가 10% 정도 발생한다고 시인했다. 한국의 SOS랩은 그릴이나 램프에 장착하는 구조의 제품을 선보였다.

새롭게 떠오르는 4D 이미징 레이더에서는 한국의 스마트레이더시스템 Smart Radar System과 이스라엘의 알베Arbe가 4D 이미징 레이더 부문에서 혁신상을 수상했다. 알베는 360도 인식이 가능한 4D 이미징 레이더 시스템을 주행하는 차량에 장착하여 성능을 시연하기도 했다.

자율주행 플랫폼을 향한 진화

CES 2023에서 혁신상을 수상한 이스라엘의 발렌스Valens와 독일의 인피니언Infineon 제품은 자율주행 플랫폼의 기술적 진화 수준을 보여준다. 발렌스는 센서-프로세서 간 데이터전송을 위한 네트워크 칩을 전시했다. 인피니언은 자율주행 데이터저장을 위한 메모리 기술을 선보였다.

자율주행차에서 기존의 네트워크 기술로는 카메라-레이더-라이다 센서의 방대한 데이터를 자율주행 프로세서로 원활하게 전송하기가 어려웠다. 'MIPI A-PHY' 기술은 관련 데이터를 효과적으로 전송할 수 있는 기술

지붕 앞쪽과 차창 내에 장착한 루미나(위)와 셉톤(아래)의 라이다 (출처: 정구민)

이다. MIPI 기술은 TV나 스마트폰 등에서 멀티미디어를 전송하기 위한 기술로 오랜 기간 사용되었다. MIPI A-PHY는 기존 IT 기기에 쓰이던 멀티미디어 데이터전송을 위한 MIPI 기술을 자동차용으로 확장시킨 기술이다. 발렌스는 이 MIPI A-PHY를 지원하는 칩으로 CES 2023에서 혁신상을 수상했다.

발렌스는 전시를 통해서 자율주행을 위한 전형적인 플랫폼 구조를 보여주었다. 자율주행 프로세서, 자율주행 카메라, 자율주행 라이다, 자율주행 4D 이미징 레이더에서 최고 수준의 경쟁력을 가진 기업의 기술을 모아서 관련 플랫폼 구조를 전시했다. 모빌아이가 자율주행 프로세서와 자율주행 카메라를, 이노비즈가 자율주행 라이다 센서를, 한국의 스마트레이더시스

발렌스가 전시한 자율주행 플랫폼 구조 및 센서 퓨전 (출처: 정구민)

템이 4D 이미징 레이더를 공급한다. 발렌스는 자율주행 프로세서와 자율주행 센서들 사이의 데이터 전송을 담당한다.

독일 인피니언의 FRAM도 향후 자율주행 시장에서 큰 역할을 할 것으로 보인다. 기존의 RAM과 플래시 메모리는 데이터저장 측면에서 단점을 가지고 있다. RAM은 데이터저장이 어렵고, 플래시메모리는 저장 시간이 느리고 수명이 제한적이다. 인피니언·인텔 등의 FRAM, 삼성의 MRAM 등은 이러한 단점을 극복할 수 있는 차세대 메모리다. FRAM은 데이터저장 시간이 빠르고 수명이 거의 무제한이다. 기업 측은 5~10초에 한 번씩 수집되는 데이터가 사고 시 원인 분석에 도움을 줄 수 있다고 밝혔다.

자율주행과 인프라 기술의 진화

주요 자동차 부품사들은 인프라 기술의 강화를 향후 주요 이슈로 제시했다. 도심 자율주행에 필요한 센서 기술을 보완하기 위해, V2X 인프라 기술의 필요성을 강조하기도 했다. 전시에서는 미국의 노트래픽[NoTraffic], 한국의 서울로보틱스[Seoul Robotics]와 에티포스[Ettifos]가 관련 기술을 전시했다.

혁신상을 수상한 노트래픽은 인프라에 센서를 설치하여 교통량을 측정할 수 있도록 했다. 역시 혁신상을 수상한 서울로보틱스는 인프라로 측정한 데이터를 차량에 전달하여 자율주행 기술에 힘을 실었다. 이 기술은 현재 자율 발렛파킹에 활용하고 있는 기술과 유사하다. 한국의 에티포스는 세계 최초로 5G NR V2X 모뎀을 전시하기도 했다.

차량용 소프트웨어 관련 전시

SDV에 적용되는 자율주행차 소프트웨어 플랫폼의 구조는 안정화되고 있다. 세부 분야가 자율주행-인포테인먼트-차량제어로 나누어지면서 각각 어댑티브 오토사[Adaptive AUTOSAR]-인포테인먼트 플랫폼-클래식 오토사[Classic AUTOSAR]로 구조가 정형화되고 있다.

CES 2023에서도 다양한 소프트웨어 기업들이 관련 전시를 진행했다. 인포테인먼트 플랫폼인 AGL의 전시와 코베사[Covesa]의 행사를 비롯해서, QNX·ETAS·소나투스[Sonatus]·오비고[Obigo]·드림에이스[Drimaes] 등 여러 기업의 전시가 진행되었다. QNX는 리눅스와 호환되면서 어댑티브 오토사의 OS

모라이(위)와 코그나타(아래)의 전시 (출처: 정구민)

를 제공하고 있다. 한국의 오비고와 드림에이스는 인포테인먼트 플랫폼 관련 기술을 전시했다.

　도심 모델링 관련으로는 이스라엘의 코그나타[Cognata]와 한국의 모라이[Morai]의 전시가 대표적이다. 도심 자율주행을 위한 데이터를 모으고, 가상공간에서 시뮬레이션하는 기술은 앞으로 더욱 중요해질 전망이다.

변화하는
전기차 시장과
전략 변화의
필요성

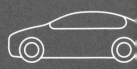

◉　　　보급형으로 시작한 전기차는 이제 고급형 전기차 및 중대형 전기차로 진화하고 있다. 주요 자동차기업들은 전기차 플랫폼을 기반으로 제품군을 다양화하고 있다. 현대자동차와 폭스바겐 등 전기차 플랫폼 선두 기업들은 소비자의 취향에 맞는 다양한 차량을 신속하게 내놓는 플랫폼 기반 전략을 강화하고 있다. 이를 통해 시장 지배자인 테슬라를 추격하겠다는 전략이다.

미국 시장에서의 중대형 전기차 트렌드도 주목해야 한다. 중대형 SUV 및 픽업트럭 시장이 커지면서 관련 시장 대응도 중요해지고 있다.

누구나 만드는 전기차 시대

더밀크 손재권 대표가 지난 CES 2022에서 전망한 '1국가 1전기차 시대'는 CES 2023에도 그대로 이어지고 있다. 베트남 빈패스트와 튀르키예의 토그는 CES 2022에 이어 CES 2023에도 전시를 진행했다. 이들은 2023년부터 본격적으로 전기차 판매를 진행할 계획이다.

소니와 혼다의 합작기업 SHM은 2026년부터 아필라 양산을 시작하겠다고 발표했다. 아필라는 IT기업의 전기차라는 점에서 주목을 받고 있다. 다만, 성공 가능성은 지켜볼 필요가 있다.

1국가 1전기차 시대와 전기차 위탁생산 시대는 기존 전기차기업에 큰 위협이 될 것이다. 또한 위탁생산 차량이 시장에서 성공하게 되면 애플카와 같은 서비스 및 소프트웨어 중심의 차량도 성공 가능성을 높이게 될 것으로 예상된다.

전기차 세부 기술의 진화와 최적화에 대한 노력

전기차 선두 기업들은 후발 주자와의 격차를 벌리기 위한 다양한 노력을 계속하고 있다. 이러한 움직임은 배터리 기술, 열관리 기술, 구조 최적화 등의 영역에서 일어나고 있다.

이번 전시회에서 BMW와 벤츠의 아이비전 디와 비전 EQXX에는 모두 실리콘 음극재 배터리가 탑재되어 있다. 실리콘 음극재 배터리는 기존 흑연 음극재 배터리에 비해서 효율이 높기 때문에 당분간 전기차 배터리 기술의 중심이 될 것으로 예상된다.

발레오가 전시한 열관리 기술도 주목할 만하다. 전기차의 효율성을 높이기 위해서 열관리 기술의 발전이 중요해졌다.

구조 최적화를 위한 도전도 계속된다. GM의 리릭^{Lyriq}에는 무선 BMS ^{Battery Management System} 기술이 탑재되어 있다. 기존에 유선으로 연결하던 BMS를 무선으로 연결하게 되면 차량 구조에서 자유도를 높일 수 있다. 셀투팩^{Cell-to-Pack} 구조나 셀투섀시^{Cell-to-Chasis} 구조 개발도 계속되고 있다. BMW는 직경 46mm 배터리를 이용해서 셀투팩 구조를 적용할 것으로 보인다. SK온 역시 기존 파우치형 배터리를 이용하여 셀투팩을 구현한 기술을 전시했다.

자율주행 플랫폼의
안정화와
현실적인 자율주행의
발전

o 모빌아이–엔비디아–퀄컴 등 기존 3사에 암바렐라가 새롭게 가세했다. 자체 프로세서를 사용하는 테슬라를 비롯, 자체 개발을 선언한 GM 크루즈^{Cruise}, 호라이즌 로보틱스 지분을 인수한 폭스바겐 등 자율주행 AI 프로세서를 자체 개발하기 위한 움직임도 계속될 전망이다.

라이다 센서는 기존 루미나–이노비즈–셉톤 등의 주요 스타트업에 보쉬–콘티넨탈–발레오 등 주요 부품사들이 가세하면서 가격 인하가 크게 발생할 것으로 예상된다. 4D 이미징 레이더에서도 바야–알베–스마트레이더시스템 등 기존 주요 스타트업과 함께 주요 부품사들이 개발을 강화해나갈 전망이다.

자율주행차의 다양화와 도심 자율주행의 발전

2025~2027년 정도에 자율주행 플랫폼이 안정화되면 자율주행차의 다양화와 도심 자율주행의 발전이 본격화될 것으로 보인다. 안정화된 플랫폼을 바탕으로 다양한 자율주행차가 설계되고 운행 구간도 고속도로에서 도심으로 이동할 것이다.

이에 따라 이중화, 차량 설계, 도심 모델링, 도심 가상화, 보행자 및 차량의 움직임 예측 기술이 중요해질 것이다. 도심 정보수집, 디지털 트윈 기술, 시뮬레이터의 발전과 같은 도심 주행 관련 기술의 패러다임 변화도 잘 살펴야 한다.

차량 내 경험 관련 기술의 발전

CES 2023에서는 차량 내 경험 관련 기술이 크게 강조되었다. 전기차 및 자율주행차의 보급에 따라 디스플레이 기술이 부상했다. 자동차는 최고의 메타버스 기기라는 말처럼, 많은 카메라와 스피커, 디스플레이가 차량에 들어와 멀티미디어 서비스를 제공할 것이다. 이러한 기술은 또한 사용자의 동작 정보를 인식하고 수집하여 메타버스 서비스도 제공할 것으로 보인다.

그동안 차량용 디스플레이 기술은 대만 기업들이 주도해 왔으나 LG가 관련 기술 역량을 강화하면서 차량용 OLED 시장에서는 90% 이상의 점유율을 확보했다. 차량용 디스플레이가 OLED를 중심으로 고급화되면서 앞으로 관련 시장에서 한국 기업들의 좋은 성과가 예상된다. 다만, BMW의 아이비전 디나 콘티넨탈의 시닉뷰^{Scenic View} 디스플레이에는 기존 디스플레이 기술이 아닌 프로젝션 기술이 적용되어 시장의 변화가 예상된다.

오디오 기술의 발전도 다채롭다. 벤츠 EQE에는 15개의 스피커, 제네시스에는 16개의 스피커, 마이바흐에는 31개의 스피커가 내장된다. 스웨덴의 디락^{Dirac}은 19개의 스피커를 시연하기도 했다. 몰입형 오디오 기술도 향후 멀티미디어 및 메타버스 기술에 중요한 요소가 될 전망이다.

차량 내 동작 인식 기술도 중요해졌다. 카메라 기반의 동작 인식 기술을 바탕으로 다양한 서비스가 고안될 것으로 보인다.

빅테크의 IT 플랫폼과 자동차기업의 고민

자동차의 데이터를 모으고 이에 기반한 서비스를 제공하고자 하는 자동차기업들에게 빅테크와의 협력은 동전의 양면이다. 자동차기업들은 클라우드 플랫폼 분야에서의 적극적인 협력에 비해 구글 안드로이드와의 협력은 소극적으로 진행하고 있다. 향후 자율주행의 발전에 있어서도 원활한 도심 데이터의 수집과 가상화는 필수적이기 때문에 이들의 협력 또한 불가피하다.

한편, 웨이모의 자율주행차나 아마존 죽스 사례처럼, 자동차기업에 종속되지 않고 독자적인 차량 서비스를 구축하고자 하는 행보를 보이는 기업들도 있다. 미국 빅테크와 독일 자동차기업들의 경쟁도 지켜봐야 할 상황이다.

농기계·선박·UAM 등으로 발전하는 모빌리티

자동차 기술의 농기계·선박·UAM·로봇으로의 확장과 관련한 전시도 크게 주목받았다. 실제로 존디어의 농기계에는 자동차기업의 프로세서와 소프트웨어 플랫폼이 탑재되어 있다. 선박기업인 브런즈윅Brunswick은 ZF의 자동차 부품을 탑재하고 있다. 이처럼 부품 기술과 함께 자율주행과 AI 기술의 타 산업으로의 확산을 주목해볼 필요가 있다. 한국 기업들도 트렌드를 따라가야 할 것이다.

로봇 산업의 발전과 자동화 시장의 성장

코로나19 팬데믹 이후, 당초 예상과 달리 산업용로봇 시장은 여전히 크게 성장하고 있다. 인건비 상승과 자동화 기술의 발전이 관련 트렌드의 핵심 요인이다. 로봇 기술의 발전과 자동화의 트렌드는 당분간 계속될 것으로 예상된다. 배송 로봇, 이동 로봇과 함께 스마트 팩토리 기술도 중요성이 높아지고 있다. 사용자의 성향에 맞춘 다양한 차량의 생산이 중요해졌기 때문이다.

PART 3

AI

:

낮아진
진입장벽,
관건은
인간과의 공존

오순영

2004년 한글과컴퓨터에 입사하여 4차 산업혁명 신기술들을 오피스에 적용하였다. 인공지능개발실, 개발기획본부장, 미래성장본부장을 거쳐 첨단 기술 기반 신사업을 총괄했으며, 2019년 한컴그룹 창립 이후 최초 여성 CTO가 되었다. 같은 해 국내 SW산업 발전에 기여한 공적으로 대통령표창을 수상하였다. 현재 KB국민은행에서 금융 현업과 고객 접점의 금융 서비스를 위한 AI를 고민하며 AI 전략기획, AI 선행 기술, AI 응용 개발을 한다.

○　　2016년 3월, 구글 딥마인드^DeepMind의 AI 바둑 프로그램인 알파고 AlphaGo와 이세돌 9단의 바둑 경기로 대한민국 전체가 들썩였다. 당시 우리 국민이라면 모르는 사람이 없을 정도로 화제였다.

이후 AI 산업계와 학계는 이러한 관심과 기회를 놓치지 않고 연구와 투자를 이어갔다. 학계는 자연어처리·음성인식·통번역·이미지인식 등 AI 기술들이 인류에게 어떤 혜택을 줄지 증명하는 데 집중했고, 산업계는 매일 새롭게 등장하는 AI 기업들을 분석해 투자했다. 내재화된 AI엔진이 있는지, AI 엔지니어는 몇 명이 있는지 등 까다로운 잣대로 AI기업을 평가하며 투자해 온 것이 지난 몇 년이었다.

AI 기술이나 사업에도 특이할 게 없는 일종의 정체기가 온 듯한 무료한 시간이 지나고, AI 민주화 시대가 도래했다. AI 기술 자체를 보유하고 있지 않더라도 누구든 오픈소스 등을 통해 AI 기술을 활용할 수 있게 된 것이다. 덕분에 AI 기술은 이제는 더 이상 '미래'가 아닌 '현재'의 기술이 되었고, 실체 없는 '마케팅 키워드'가 아닌 우리 삶에 영향을 미치는 중요한 '현실 키워드'가 되었다.

AI에 대한 마인드셋이 바뀌는 2023년

많은 이들이 AI에 대해 특이점^singularity이 온다고 느끼게 된 사건이 일어났다. 바로 미국의 AI 연구소인 오픈AI^{OpenAI}가 2020년 6월 초거대 AI 언어모델인 GPT-3를 소개한 것이다. 간단히 설명하면, 초거대 AI 언어모델은 AI 모델의 파라미터 수가 많을수록 학습 데이터에서 더 많은 정보를 받아들일 수 있고, 더 정확한 예측이 가능하다. 오픈AI가 공개한 GPT-3는 1,750억 개의 파라미터를 가지고 있으며, 이는 이전 모델인 GPT-2의 파라미터 수보다 약 100배나 많은 숫자이다.

GPT-3로 인해 모델이 크면 성능도 좋고, 각 언어모델의 파라미터 수가 중요하다는 인식도 생겼다. 그리고 2022년 하반기, 초거대 언어모델은 다시 2가지 사건으로 전 세계를 떠들썩하게 만들었다.

첫 번째 사건은 2022년 8월 미드저니^{Midjourney}로 생성한 그림이 미국 콜로라도주 박람회^{Colorado State Fair} 공모전에서 '신인 디지털 아티스트' 부문 1등을 한 것이다. 게임디자이너로 일하는 제이슨 앨런^{Jason Allen}이 이미지 생성 AI인 미드저니를 통해 만든 작품이었다.

두 번째 사건은 2022년 11월 30일 오픈한 챗GPT^{ChatGPT}가 상당히 자연스러운 대화를 구사하며 단 5일 만에 100만 명의 사용자를 끌어들인 일이다. 참고로 사용자 100만 명을 모으기까지 넷플릭스는 3.5년, 에어비앤비는 2.5년, 페이스북은 10개월 걸렸다. 단 5일 만에 100만 명이 사용해본 챗GPT는 그야말로 전 세계의 IT·AI 업계 인플루언서들을 흥분시켰다. 일론 머스크는 트위터에서 챗GPT가 '무섭도록 좋다^{scary good}'며 '위험할 정도로 강력한 AI가 멀지 않았다'고 말했다. 그 외에도 챗GPT에 대한 열띤 대화들이 여전히 이어지고 있다.

2016년, 알파고가 화제였던 당시 'AI가 인간을 대체할 수 있다'는 우려가 유행처럼 번져갔고, AI로 사라질 직업 순위까지 매겨졌다. 그리고 한동안 AI는 보편적인 기술처럼 이야기되었는데, 다시 챗GPT로 인해 AI가 사람의 능력을 넘어설 시기를 예측하기 시작했다. 질문의 뉘앙스와 맥락, 개념적인 문제까지 이해하고 사람처럼 해답을 찾으려는 AI의 노력이 답변에서 보였기 때문이다.

이 모든 것은 제너러티브 AI^Generative AI 분야의 눈부신 발전 덕분이다. 그리고 2023년에는 더욱 이슈의 중심이 될 것으로 보인다. 이와 연관된 'AI 윤리', '설명 가능한 AI'는 2023년의 핵심 키워드로 부상할 것이다.

1월에 열린 전시회여서 이번 CES 2023에서는 제너러티브 AI, 챗GPT 관련 제품이나 서비스를 찾기는 쉽지 않았다. 하지만 이러한 테크트렌드에 발 빠르게 움직인 국내 기업 중에 제너러티브 AI를 직접 언급한 스타트업이 있었다. AI 글쓰기 연습 소프트웨어 '뤼튼 트레이닝^Wrtn Training'이다. 이것은 CES 2023 혁신상을 수상한 뤼튼테크놀로지^Wrtn Technologies라는 기업이 만들었다. 이 소프트웨어는 네이버 하이퍼클로바, 오픈AI의 GPT-3 등 최신 AI 모델을 조합하여 만든 AI 언어 생성 모델을 통해 몇 개의 간단한 키워드만 입력해도 광고 문구나, 세일즈 이메일, 블로그, 유튜브 영상 제목 등을 자동으로 작성해준다.

불과 1~2년 전만 해도 AI 기술은 이미지나 영상을 식별하고, 언어를 이해하고 말하는 데 집중했다. 서비스 역시 그러한 단일 기술을 활용한 것이 다수였다. 그리고 코로나19 팬데믹을 거치며 일상생활이 변화하고 AI 기술이 빠르게 고도화됨에 따라, AI 서비스 역시 좀 더 정교한 기술을 바탕으로 기술보다 인간 중심적인 관점에서 접근하게 되었다.

지난 CES 2022의 주제는 '일상을 넘어서^{Beyond the Everyday}'였다. 2022년 이전의 AI 기술들 역시 연결성·확장성·실용성을 기반으로 한 새로운 경험의 차원으로 접근했다. 하지만 이번 CES 2023의 주제는 '그(혹은 IT) 안에 존재하라^{Be in IT}'다. 이번 행사에 참여한 기업들은 지난 1년간 더욱 성숙해진 AI 기술을 통해 더 구체적인 디테일로 비즈니스에 접근하며 경쟁력을 갖췄다.

그래서 이번 CES 2023에서 AI 부문은 토픽이 분리되었지만, 모든 토픽에 출품된 제품들과 서비스에 AI가 마치 하나의 부품인 것처럼 포함되어 있다고 봐도 과언이 아니었다. 그야말로 '모든 곳에 AI'가 가장 큰 특징이다.

기업들은 AI 기술 자체를 강조하기보다는 (잘 숨겨서) 실제 사용자 관점의 서비스 경험에 집중한 듯하다. 실제 전시장을 돌아다니다 보면 'AI를 활용한 서비스나 제품들이 어디에 있지?' 하며 숨겨진 AI와 숨바꼭질을 하는 느낌마저 들 정도였다. 이처럼 기업들은 기술 자체보다는 제품이나 서비스를 통해 메시지를 전달하는 데 집중하고 있었다.

그렇다면 소비자 입장에서 가장 가까이 체감할 수 있는 AI 기술 경쟁력은 무엇일까? 아마도 나의 시간과 비용을 줄여주거나, 고비용의 전문가 그룹 서비스를 언제, 어디서나 제공해주거나, 혹은 나도 모르는 내 취향이나 상태를 파악해 내게 필요한 것들을 제시해주는 등의 맞춤형 서비스일 것이다. 바쁜 일상 속에서 좀 더 가치 있는 것을 선택하는 것이 요즘 소비 트렌드다. 스마트가전부터 디지털 헬스케어·의료·뷰티·쇼핑·금융 등으로 다양한 분야에서 맞춤화·개인화가 대세다. 또 CES 2023에 새로 추가된 웹 3.0, 메타버스 분야의 AI는 지난 2022에 이어 현실과 가상을 잇는 중요한 역할을 할 것으로 보인다.

더
다양하게,
더 깊이

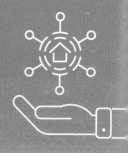

앞서 말했듯이 기업들은 '모든 것에 AI'를 표방했는데, 그 속내를 자세하게 들여다보면 전체적으로 AI 기술보다는 데이터에 상당히 힘을 주고 있음을 알 수 있다.

보쉬 역시 센서를 통해 좀 더 정확하고 정교한 데이터 품질을 강조했다. 사람을 둘러싼 다양한 환경에서 수집되는 센서 데이터를 통해 인류의 삶에서 AI 기술의 활용 폭을 드라마틱하게 넓힐 수 있다고 강조했다. 좀 더 정확한 데이터 측정을 통해 정확한 예측값을 도출할 수 있기 때문이다. 현재 보쉬의 MEMS^Micro Electro-Mechanical System 센서와 그보다 1,000배 더 정확할 것이라고 하는 퀀텀센서가 앞으로 우리의 일상에 어떤 혁신을 가져올지 무척 기대된다.

자율주행, 헬스케어, 센서로 더욱 강조된 데이터 생태계

가트너^Gartner가 발표한 2022년 AI 하이프 사이클^Hype Cycle을 보면 2023년까지 중요하게 다뤄질 키워드를 몇 가지 찾을 수 있다. 첫째 합성 데이터^Synthetic Data, 둘째 책임감 있는 AI^Responsible AI, 셋째 제너러티브 AI. 이 3가지가 2023년 AI 트렌드를 주도할 것으로 보이고, 여기에 하나를 더하자면 '설명가능한 AI^Explainable AI'까지 포함할 수 있을 것 같다.

최근 합성 데이터의 중요성과 활용에 대해 많은 이들이 강조하는 이유가 무엇일까? 여기에는 여러 가지 시사점이 있다. 우선 데이터의 양도 중요하지만 잘 정제된 데이터 품질이 경쟁력이 될 수 있다는 것이다. 그리고 데이터 프라이버시를 위한 해결방안으로 합성 데이터를 활용할 수 있으며, 합성 데이터는 데이터 불균형에 대한 보완 방안으로서도 의미 있을 것이다.

이처럼 데이터 품질·데이터 취약성·데이터 거버넌스·데이터 파이프라인 등 데이터 전주기에 대한 관리과 운영은 AI 서비스의 성능을 크게 향상시킬 중요한 경쟁력이 될 것이다. 한편 데이터에 문제가 있다면, 당연히 원하는 결과가 나오지 않을 뿐만 아니라 편향된 AI 시스템이 될 수도 있다.

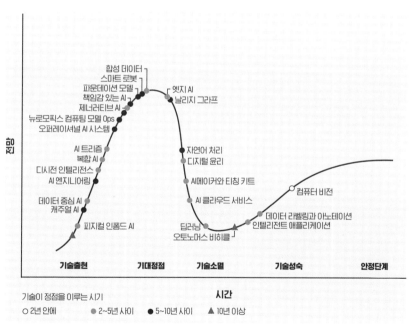

가트너가 전망한 AI 하이프 사이클 (출처 : 가트너닷컴)

국내 AI 스타트업인 씨앤에이아이^{CNAI}는 합성 데이터 관련 '데이터 엑셀러레이션^{Data Acceleration}' 기술을 전시했다. 이것은 AI 알고리즘이 기존 데이터 세트를 분석해 수량이 부족한 부분을 파악한 뒤, 보완이 필요한 데이터를 자동으로 생성해 데이터의 양과 질을 높이는 기술이다. 이렇게 개선한 데이터 세트를 활용하면 AI 성능을 향상시키는 데 필요한 데이터수집 시간과 비용을 줄일 수 있다.

자율주행 분야에서도 데이터의 중요성을 강조한 서비스를 찾아볼 수 있는데 에이모^{AIMMO}의 ADaaS가 바로 그것이다. ADaaS는 자율주행 분야의 AI 데이터의 수집·정제·라벨링 등 데이터 전 주기를 통합적으로 관리하는 서비스를 제공한다.

에이모는 자율주행 AI 모델 개발을 위한 시나리오 정의, 자체 보유 데이터 수집 차량을 통한 원시데이터 수집, 라벨링 데이터 생성, 합성 데이터 기술 활용 등 고객의 AI 데이터 전 주기를 관리해주는 특화된 서비스를 제공한다. 자율주행 AI를 학습시키는 데 필요한 고품질의 맞춤 데이터를 제공함으로써 고객들이 데이터 가공에 투여하는 시간과 비용부담을 낮춰준다.

에이모의 ADaaS는 고객 데이터를 분석해, 데이터 중심 AI에 최적화된 데이터 세트를 구성하고, 모델 중심 AI를 지원한다. 또 데이터 큐레이션을 통해 균형 있는 데이터 구성을 제공하고, 반복적인 실험과 평가를 거쳐 편향성을 최소화한다. 결국 이 과정에 필요한 시간과 비용을 절약하고, 동시에 고품질의 맞춤형 데이터로 경쟁력을 높일 수 있다.

인피닉^{INFINIQ}은 영상 데이터 속 개인정보를 자동으로 블러 처리하는 비식별 솔루션 하이디^{Heidi}를 공개했다. 하이디는 데이터를 수집할 때 이미지나 영상에 담긴 얼굴·차량번호판 같은 개인정보를 자동으로 블러하거나

인피닉 부스 (출처: 오순영)

다른 이미지로 합성해 알아볼 수 없도록 처리하는 민감 정보 데이터 보호 솔루션이다. 얼굴이나 번호판 등 민감한 개인정보가 센서를 통해 수많은 이미지 데이터가 자율주행 과정에서 무작위로 수집될 수 있는 문제 해결에 초점을 맞췄다. 자율주행에 대한 기술이 고도화 될수록 자율주행차 운행 시 민감 정보 보호에 대한 규정 역시 중요한데, 국내에서도 데이터 3법 개정으로 데이터 비식별 처리가 의무화됨에 따라 비식별 솔루션에 대한 수요 역시 증가할 것으로 예상된다.

카리아드CARIAD는 폭스바겐그룹 내 소프트웨어 부문 자회사다. 그룹 내의 공동 플랫폼 및 자율주행 기술, 자동차용 반도체 개발까지 미래 먹거리를 담당하고 있다. 폭스바겐그룹은 제조업에서 소프트웨어 기업으로의 전환을 선언했고 5,000여 명의 개발자와 디자이너 등을 카리아드에 배치했다고 한다.

이번 전시에서 카리아드 부스에는 큰 글씨로 '우리의 AI가 당신의 숨

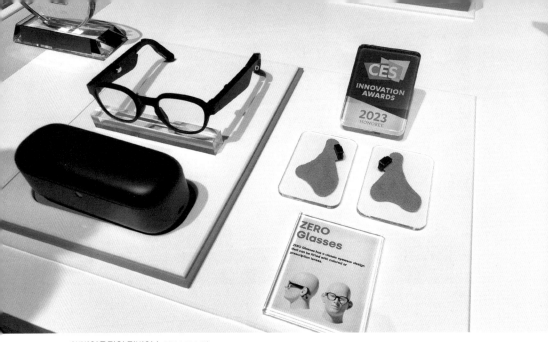

SK바이오팜의 디바이스 [출처: 오순영]

겨진 오토모티브 퍼스널리티를 찾겠습니다^{Let our AI uncover your hidden automotive}

personality'라고 적혀 있었다. 이 말은 카리아드가 제공하고자 하는 서비스를 잘 표현한다. 카리아드는 차량 운영체제 소프트웨어인 VW.OS를 통해 폭스바겐의 모든 차량을 연결하고, 차량에 부착된 레이더·라이다·카메라를 통해 데이터를 수집하며, 그 수집된 대량의 데이터를 축적해 운전자에게 최적화된 서비스를 제공하고자 한다.

 SK바이오팜의 뇌전증 전용 디바이스도 눈여겨볼 만하다. SK바이오팜은 뇌전증 전용 웨어러블 디바이스 5종(제로 글래스, 제로 와이어드, 제로 헤드셋, 제로 이어버드, 제로 헤드밴드)을 선보였는데, 디바이스를 통해 사용자의 다양한 바이오 데이터를 수집하고 복합 생체 신호를 측정, 분석해 증상 발현을 예측하거나 투약 시간을 알려준다. 사용자가 스스로 발작을 예측하고 진단,

관리할 수 있게 된 것이다. 사실 SK바이오팜은 뇌전증 치료 신약인 세노바메이트^{Cenobamate}를 개발했는데, 이번에 선보인 솔루션으로 토탈 헬스케어 서비스의 청사진을 보여주었다.

더욱 다양하고 정교한 개인 맞춤화 제품, 서비스의 등장

AI 기술 활용이 활발해지면서 개인이 가장 크게 체감할 수 있는 부분은 바로 초개인화$^{Hyper-personalization}$ 서비스다. 다양하고 풍부한 빅데이터와 고도화된 AI 기술 덕분에 기업은 이전보다 더 정교하게 소비자를 세분화하게 되었다. 거기다 과거의 데이터뿐만 아니라 실시간으로 생성되는 데이터까지 AI 알고리즘 분석을 통해 현재 소비자가 원하는 것은 물론, 나아가 미래에 원할 것까지 예측 가능해졌다.

AI를 활용한 개인 맞춤형 서비스는 수년 전부터 CES에 등장했는데, 이번 CES 2023에 가장 눈에 띈 것은 발표한 뷰티 분야 솔루션이었다. 2022년에는 AI 스킨케어 상담 그리고 증강현실^{AR}을 활용한 가상 뷰티에 대한 제품들이 주로 소개되었다면, 2023년에는 드디어 색조화장에 대한 로보틱스 영역의 솔루션이 나왔다.

아모레퍼시픽은 고객 맞춤형 기술을 적용한 톤워크^{TONEWORK}와 코스메칩^{COSMECHIP}으로 CES 2023 혁신상을 받았다. 로보틱스 부문에서 혁신상을 수상한 톤워크는 AI와 로봇팔을 기반으로 한 맞춤형 메이크업 스마트 제조 시스템 솔루션이다. AI 알고리즘을 활용해 얼굴의 컬러, 즉 피부톤을 정밀하게 측정하고 로봇팔을 활용해 맞춤형 파운데이션·쿠션 팩트·립 제품

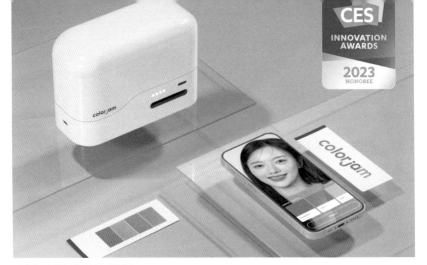

맞춤형 팔레트 디바이스 컬러잼 (출처: 코스맥스)

을 제조한다. 그리고 안면인식 기술과 색채학 연구를 적용해 최적의 개인 맞춤 컬러를 제안해준다.

또 생활가전 부문에서 혁신상을 받은 코스메칩은 효능 성분이 들어 있는 액티브칩을 꽂아 맞춤형 스킨케어 화장품을 만들어주는 기기다. 액티브칩에는 다양한 피부 효능 성분을 무수無水 처방해 장기간 안정적으로 보관할 수 있고, 일반 가정에서 마시는 물로도 바로 활용 가능해 실용적이다. 어떻게 보면 사람마다 피부타입이 다르고, 똑같은 사람도 계절이나 날씨에 따라, 아침저녁으로 피부상태가 다르다. 이처럼 수시로 달라지는 피부상태에 맞추기 힘들다는 문제를 해결해주는 솔루션이다. 사용자는 상황에 따라 다른 피부 고민에 즉시 대처할 수 있다.

국내 화장품 전문제조사 코스맥스도 맞춤형 팔레트 디바이스 컬러잼 Color Jam으로 혁신상을 수상했다. 컬러잼은 원하는 컬러만 선택해 인쇄하는 맞춤형 팔레트 디바이스로, '스스로 디자인해서 만들어 쓰는 나만의 화장품'이란 콘셉트다. AR 기술을 이용해 메이크업 컬러를 사용자의 얼굴에 적용해볼 수 있는 애플리케이션도 함께 제공한다. 앱을 통해 원하는 컬러를 얼굴에 매치시켜본 후, 마음에 드는 컬러 파우더만 출력해 사용할 수 있다.

색조 화장품 소비자들은 대부분 자신이 선호하는 일부 색상만 사용하거나, 메이크업을 할 때 기대한 것과 실제 표현되는 색상이 달라 사용하지 않는 것도 많다. 컬러잼은 그러한 소비자의 불편에서 착안한 아이디어로, 자신의 피부톤과 선호에 맞게 다양한 컬러를 조합할 수 있도록 개발되었다. 원하는 색상만 출력해 '나만의 팔레트'를 만들기 때문에 버려지는 화장품이 없어지고 자원활용의 효율성까지 높일 수 있다. 환경에 미치는 영향을 최소화하는 측면에서 '지속가능한 AI'의 효과도 기대할 수 있다.

아마존은 베네시안 호텔에 별도 공간을 마련해 전시를 했는데 그중 흥미로운 제품이 '오비탈 샤워Orbital Shower'였다. 간단한 음성 명령과 사전 설정으로 샤워에 몰입하기 좋은 음악, 물의 온도, 물줄기의 흐름, 욕실 조명까지 제어할 수 있다. 어떻게 보면 단순한 샤워일 뿐이지만 이를 통해 실제 물과 에너지 사용을 줄이는 기술혁신을 구현했을 뿐만 아니라 샤워 자체도 즐겁게 만들어준다. 그리고 이런 사용자 맞춤 경험은 음성인식 AI 서비스인 알렉사를 활용해 제공했다.

2022년에 이어 2023년에도 웰니스 분야는 AI 스타트업들이 다양한 개인 맞춤형 헬스케어 제품과 서비스를 많이 선보였다. 그중 주목할 만한 개인 맞춤형 서비스는 알고케어AlgoCare의 뉴트리매니저NutriManager다. 뉴트리매니저는 사용자에게 1:1 맞춤 영양 서비스를 제공한다. 사용자가 건강상태 데이터를 앱에 입력하거나 데이터수집에 동의하면, 알고케어의 헬스케어 AI는 데이터를 분석하고, 뉴트리션 엔진 플러스Nutrition Engine Plus는 안면인식과 음성진단을 통해 사용자의 건강상태를 매일 수집한다. 이를 통해 엔진은 오늘의 건강상태에 맞는 정확하고 개인화된 영양소 조합을 생성하고 4mm 크기의 보충제를 만든다.

사용자의 건강상태 데이터는 자동으로 누적되고, 사용자는 앱을 통해 축적된 자신의 데이터를 확인할 수 있다. 뉴트리매니저는 개인화된 영양 관리 프로세스를 자동화하여 사용자가 쉽고 간편하게 건강상태를 확인하고 유지할 수 있도록 돕는다.

또 사용자 정보를 바탕으로 각 상황에 맞는 영양소와 적정 섭취량을 제안한다. 예를 들어, 음주 직전이나 운동 직전에 사용자의 컨디션과 몸 상태에 따라 필요한 영양소를 넣어 영양제를 만들어준다. 이 작은 디바이스 안에 나만의 약국과 약사가 존재하는 것처럼 맞춤형 관리가 가능하다는 점에서 상당히 매력적이다.

인간과 AI의
공존방식,
어떻게 풀까?

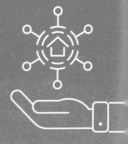

○　　AI는 이제 기술 수준과 상관없이 다양한 애플리케이션을 통해 누구나 활용할 수 있는 보편적인 기술이 되었다. 소위 'AI 민주화'가 도래한 것이다. 때문에 2023년은 '인간과 AI의 공존' 문제가 중요한 화두로 떠오를 것이다. 비단 AI뿐 아니라 로보틱스의 경우도 마찬가지다. 협동 로봇이 부상하면서 '인간과 AI의 공존 방식을 어떻게 풀어낼지'에 대한 고민은 점점 더 중요해질 것이다. 그런 의미에서 이번에 전시된 다음과 같은 제품과 서비스들은 시사하는 바가 크다.

문제해결에 가치를 더하는 휴먼테크, AI

아카펠라그룹Acapela Group은 디지털음성 및 AI 기반 음성합성 소프트웨어를 제공하는 기업이다. 이들이 개발한 마이오운보이스my-own-voice 솔루션은 ALS·실어증·구음장애 등으로 음성장애를 겪는 사람에게 개인화된 합성음성을 쉽게 생성하도록 지원한다. 이것은 사용자의 기존 음성녹음을 기반으로 한 '보이스 뱅킹Voice Banking'을 통해 구현되는데, 이것이 다른 기업들의 음성합성 기술과는 차별화된 인상적인 서비스다. '보이스 뱅킹' 솔루션은 50문장만 녹음하면 원음의 본질을 간직한 목소리를 생성할 수 있다.

아카펠라그룹의 합성음성은 어린이부터 성인까지 다양한 연령대의 사람들을 위해 30가지 이상의 언어와 억양을 제공한다. 합성된 음성은 뇌성

마비·ALS·실어증·자폐증 등으로 말하기에 불편을 겪는 사람들이 토비 다이나복스^{Tobii Dynavox}라는 의사소통 보조장치와 함께 사용할 수 있다.

실제 ALS 진단을 받은 아르헨티나 정치인 에스테반 불리치^{Esteban Bullrich}의 경우, 목소리가 이미 너무 손상되어 녹음을 할 수가 없었는데, 아카펠라 연구팀은 그의 정체성을 반영한 디지털음성을 생성하기 위해 병에 걸리기 전에 녹음된 목소리를 사용했다고 한다. 기존의 음성합성 기술들이 엔터테인먼트 혹은 마케팅 요소로 많이 활용되었던 터라, 아카펠라그룹의 접근방식이 상당히 인상적이었다.

오댑토스^{Odaptos}는 AI를 통해 사람의 표정과 목소리를 분석해 감정상태를 파악하고, 그에 맞춰 자동으로 이모지를 생성해준다. 그렇게 만들어진 이모지는 사람의 감정을 직관적으로 판단하도록 돕는다. 실제 이 기술은 고객 사용성 테스트에 활용할 수도 있고, 제품이나 서비스를 사용하는 고객의 감정을 분석해서 고객경험을 분석하고 개선하는 데 사용할 수도 있다.

오댑토스의 AI를 사용해 사용자 반응을 분석한 사례로, 당뇨병 환자를 위한 인슐린 투약 애플리케이션 퍼블리셔인 디아피메드^{DiappyMed}가 있다. 디아피메드 애플리케이션은 당뇨 환자들이 섭취하는 음식이나 수행하는 신체 활동에 따라 투여할 인슐린 용량을 가능한 한 정확하게 계산하는 데 도움을 주는 것을 목표로 한다. 디아피메드는 SaaS 형태로 오댑토스 AI를 사용하고 있다. 얼굴 영상을 녹화하는 데 AI을 적용해 사용자의 감정을 분석하는 솔루션을 개발했으며, 전용 모바일 앱을 통해 당뇨 환자의 치료를 개인화한 혁신적인 사례다.

디지털 헬스케어 스타트업인 세븐포인트원^{SevenPointOne}은 치매 고위험군 스크리닝 솔루션 알츠윈^{AlzWIN}으로 CES 2023 디지털 헬스 분야에서 혁신

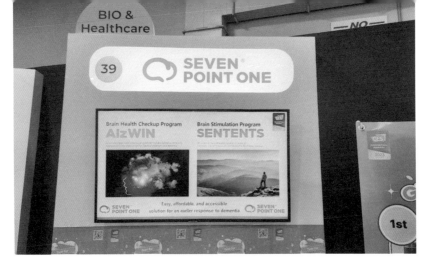

세븐포인트원 알츠윈 (출처: 오순영)

상을 수상했다. 알츠윈은 사용자의 언어 유창성을 분석해 치매 고위험군을 선별하는 솔루션으로, 분석을 위한 별도의 전문 장비나 인력이 없어도 가능하다는 장점이 있다. 누구나 2분 내외의 간단한 테스트로 쉽게 사용할 수 있다. 세븐포인트원은 대화내용을 분석해 치매 고위험군을 조기에 판별하고, VR 콘텐츠로 인지능력 저하와 우울감을 개선하는 솔루션을 제공한다. 분석과 개선 모두 디지털 헬스케어의 강점을 잘 드러내고 활용한 솔루션이라 할 수 있다.

좀 더 인간 중심적인 AI로

이번 CES의 AI 분야에서는 앞서 설명한 3가지의 큰 특징 외에도 환경보호, 에너지, ESG 등 '휴먼 시큐리티를 위한 지속가능성'이 강조되었다. 지난 몇 년간 기업들은 CES에서 어떤 형태로든 자신들의 제품에 AI라는 용어가 잘 보이도록 했고, 그럼으로써 자신들이 업계를 리드한다는 점을 강조하기도 했다. 그와 더불어 팬데믹 전에는 로보틱스와 관련된 제품, 서비스가 많았고, 사람처럼 언어능력을 가지고 움직일 수 있는 휴머노이드를 지향하는 것도 많았다.

하지만 이러한 분위기는 팬데믹 중에 진행된 CES 2022부터 조금씩 달라졌다. AI 기술 자체에 혁신인 변화가 없기도 했지만, 현재의 기술들을 좀 더 인간 중심적인 제품과 서비스에 집중하기 시작했다.

그리고 CES 2023에서 AI는 마치 현대생활에 없어서는 안 되는 전기나 5G와 같은 인프라로 느껴질 정도였다. 모든 곳에 AI가 있지만, AI 기술 자체가 강조된 제품이나 서비스는 거의 찾아볼 수 없었다. 또 하나 큰 특징은 휴머노이드 관련 로봇이 눈에 띄게 줄었고, 특정 목적에 최적화된 실용적이고 목적지향적인 로봇들이 많았다는 것이다.

AI 기술에 대한 진입 장벽 자체가 낮아지고, 다양한 AI 기술을 보편적으로 활용할 수 있는 시대가 되었다. 그러면서 AI 기술보다는 다양한 디바이스와 센서를 통해 수집된 데이터를 활용한 서비스들이 더 강조되었다. 그리고 현존하는 시대적 난제를 해결하기 위한 솔루션, 즉 에너지, 환경 등의 지속가능성, ESG 관련 논의도 활발했던 것이 이번 CES 2023의 특징이다.

그렇다면 CES 2024에서는 어떤 AI가 나올까? 2023년은 제너러티브 AI와 챗GPT 등의 관심과 활용사례가 폭발적으로 나올 것이다. 그리고 초거대 AI 모델을 활용해 다양한 산업적 난제를 해결한 사례도 많아질 것이다. 따라서 CES 2024년에는 그와 관련된 제품이나 서비스가 많이 나올 것으로 예상된다. 또 올해 잠깐 눈에 띄게 줄었던 휴머노이드 역시 언어지능을 강조한 제품이나 서비스들이 다시 한번 대거 나오지 않을까 예상해본다.

AI와의 대화가
뉴스가 되는 세상

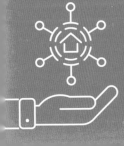

○　　CES 2022에서 AI는 언어·시각·영상 등의 AI 기술을 활용한 다양한 서비스 및 제품을 통해 멋진 조연으로서 각 산업군의 혁신을 든든하게 뒷받침하는 역할을 했다. 그리고 CES 2023에서는 AI 기술 자체보다 데이터와 사용자 중심의 서비스에 더 집중하였다.

시기적으로 CES 2023에서 다양한 제너러티브 AI나 챗GPT 기반 서비스 전시는 볼 수는 없었으나 전시가 끝난 지금, 인공지능 챗GPT는 세상의 중심이 된 것 같다. 전 세계의 사용자들은 챗GPT에 다양한 질문들을 쏟아 냈고, SNS·블로그·뉴스 등을 통해 그 결과의 놀라움을 공유하고 있다. 챗GPT는 기존 챗봇과 달리 다양한 주제에 관한 대화가 가능하며, 사람이라고 착각할 만큼 높은 완성도의 답변을 보여주었기 때문이다. 인간만의 영역이라 생각했던 시·소설 등의 문학적인 글부터 이메일, 마케팅, 내용 요약 등의 업무적인 글, 심지어 코딩 프로그래밍 영역까지, 사용자들이 챗GPT를 시험한 질문들은 다양했다.

그런데 왜 챗GPT는 이토록 많은 관심을 끌어모으고 있는 걸까? 라이트소닉WriteSonic은 GPT3 모델 기반의 서비스로 이미 2022년부터 서비스를 하고 있었다. 뉴스, 이메일, 광고, 방문페이지 헤드라인, 제품 설명, 텍스트 요약, 유튜브 소개 등 65개 이상의 기능을 무려 24개 언어로 제공하고 있었지만 신드롬을 불러일으킬 정도는 아니었다. 이에 대해 몇 가지를 생각해 볼 수 있다. 첫째, 챗GPT가 대화형 서비스라는 점이다. 이 방식은 대중의 눈높이에서도 접근하기가 쉬우며, 기술적 이해 없이도 기능을 즉각적으로 실감할 수 있게 한다. 처음으로 대중에 상용화된 AI 서비스가 챗봇, AI 스피커였던 사실과 일맥상통한다. 둘째, 불과 몇 달 전까지만 해도 벤처투자에 빙하기가 찾아왔으며, 그 기간이 꽤 길어질 것을 우려하고 있었는데, 챗GPT는 AI 스타트업 영역에 다시 한 번 가치상승(value-up)의 기회를 마련했다. 셋째, 챗GPT를 비롯한 초거대모델의 숙제는 바로 비용이다. 이는 클라우드 사업을 하는 빅테크와 AI 반도체 업계에 챗GPT가 좋은 사업의 기회가 된다는 것을 의미한다. 이 모든 이해관계와 기술 수준이 적절한 타이밍에 맞아떨어진 것이다.

지금도 챗GPT는 새로운 뉴스를 만들어내고 있으며, 챗GPT 기술에 맞서는 빅테크 기업들의 경쟁력 있는 기술과 서비스 개발 뉴스도 현기증이 날 정도로 빠르게 업데이트되는 중이다. 사티아 나델라**Satya Nadella** 마이크로소프트 CEO는 2020년 개발자 컨퍼런스 빌드 2020**Build 2020**에서 코로나19로 인해 "2년이 걸릴 디지털 전환이 2개월 만에 이뤄졌다"고 말했는데 챗GPT는 그만큼 빠르게 사람들의 인식을 바꿔놓고 있다. 불과 몇 달 전까지만 해도 AI가 사람을 대체할 수 있는 시기는 '그럼에도 불구하고' 아직 멀었다는 의견이 다수였다. 하지만 챗GPT는 AI가 인간의 노동력을 완벽히 대체하는 미래를 그려보게 만든다. 이제는 이 기술을 잘 이해하고 분석하여 그에 적합한 비즈니스 아이디어를 생각해내는 자가 새로운 시대의 승자가 될 것이다.

양보다 질이 중요해진 데이터

챗GPT의 가장 큰 문제점은 편향성이다. 실제 오픈**AIOpenAI** 홈페이지 내의 챗GPT FAQ의 내용을 살펴보면 챗GPT가 때때로 잘못된 답변을 생성할 수 있으며, 2021년 데이터를 기반으로 학습되었기 때문에 이후 시점에 등장한 정보에 대해서는 부정확한 콘텐츠를 생성할 수도 있다고 명시되어 있다.

그런 측면에서 챗GPT의 대안이 될 수 있는 초거대모델 기반의 서비스들을 주목해 볼 필요가 있다. 실제 챗소닉^{ChatSonic}, 친칠라^{Chinchilla}, 블룸^{Bloom}, 레플리카^{Replika}, 람다^{LaMDA} 등 현재 챗GPT이 가진 장점만 취하고, 단점은 보완한 다양한 초거대모델 기반의 챗봇들이 많이 있다.

다양한 제너러티브 AI의 등장으로 AI에 의해 재생산되는 합성데이터도 많아질 것이다. AI가 가진 고유의 편향성을 고려하여 데이터를 보정하고 그것을 다시 학습데이터로 사용하면 다양한 영역에서 비용을 절감할 수도 있을 것이다. 가트너는 2030년에는 실제로 합성데이터가 기존 데이터의 총량을 넘어설 것이며, 이는 대부분 AI 학습에 사용될 것으로 예상했다. 하지만 AI 모델이 만들어내는 편향적인 데이터가 기존 데이터와 무분별하게 섞이면 어떤 부작용이 생길지는 고민해봐야 할 일이다.

제너러티브 AI, 챗GPT, 합성데이터. 이 셋의 조합이 각 산업에 어떤 변화를 만들어낼 수 있을지 기대해보자.

PART 4

웹 3.0 & 메타버스

:

시공간을
뛰어넘는
무제한의 영역

최형욱

미국 서던캘리포니아대학교(USC)에
서 전자공학과 컴퓨터 네트워크를 공부
했다. 삼성전자에서 무선네트워크와 센
서, 모바일 디바이스 등의 신기술을 연
구개발했다. 사물인터넷 플랫폼 기업
매직에코의 공동대표를 거쳐 XR 메타
버스 테크기업 시어스랩의 CSO 겸 부
사장으로 메타버스 플랫폼과 디바이스
를 기획, 개발하고 있다. 혁신기획사 라
이프스퀘어의 이노베이션 캐털리스트
이자 팬아시아 네트워크의 공동 설립자
다.

○　　코로나19 팬데믹의 장기화로 3년 만에 라스베이거스 현장에서 다시 열렸던 CES 2022는 곧 모든 것들이 정상으로 돌아갈 것이란 희망과 위기 뒤에 찾아올 기회에 대한 긍정적인 메시지를 담론으로 제시하였다. 코로나19가 만든 디지털 전환으로의 가속 덕분에 메타버스라 불리는 디지털 가상세계가 실체가 없음에도 불구하고 주류 산업에 수용의 대상으로 인식되기 시작했고 NFT는 블록체인과 암호화폐가 가지고 있는 부정적인 이미지를 상쇄하며 일반인들에게까지 커다란 관심을 불러일으켰다. 더불어 메타버스와 NFT는 처음으로 CES의 주요 카테고리로 추가되면서 더 이상 허상이 아닌 실질적인 산업으로 인정받기 시작했다. 넘쳐흐르던 유동성이 메타버스기업들과 NFT 마켓플레이스로 흘러 들어가며 이 두 산업은 이미 검증된 성숙한 분야로 인식되기 시작했고 인류의 미래 먹거리가 되기에 부족함이 없어 보였다.

제페토^{Zepeto}나 로블록스^{Roblox}와 같은 메타버스 플랫폼을 활용하여 기업들은 너도나도 마케팅에 뛰어들었다. 그들은 Z세대 유저들에게 브랜드 경험을 제공하기 위해 메타버스 내에 다양한 가상공간을 만들고 이벤트를 개최하거나 자사 제품을 홍보하는 체험관을 만들기도 했다. 메타·유니티^{Unity}·엔비디아·마이크로소프트 같은 메타버스기업들은 메타버스 시대를 위해 거대한 규모의 투자와 채용을 감행했고 잇달아 새로운 서비스와 기술들을 선보였다.

암호화폐 열풍은 다소 식었지만 블록체인 기술의 킬러앱이라 볼 수 있는

NFT는 아티스트들의 디지털 작품에 새로운 판로와 가능성을 열어주며 급격한 속도로 확산되었다. 미디어나 콘텐츠 업계에선 NFT를 활용하여 팬덤 커뮤니티나 IP에 관련하여 새로운 비즈니스 모델을 만들어내기 위해 다양한 시도를 했다. NFT와 함께 P2E^Play to Earn와 같은 인센티브 기반 비즈니스 모델이 큰 인기를 끌면서 블록체인 산업에도 파란불이 켜지는 듯했다.

하지만 세상은 이런 기대나 소망과는 다른 방향으로 움직였다. 러시아–우크라이나 전쟁은 전 세계 에너지 수급 및 공급망에 커다란 영향을 주기 시작했고, 늘어난 유동성을 회수하기 위해 시작된 정책들 뒤로 거대한 인플레이션과 경기침체가 일어났다. 부풀어 있던 기업들의 주가가 바람 빠진 풍선처럼 쪼그라들었다. 물가상승과 함께 부동산자산의 급격한 하락이 이어지며 기업들은 실적에 대한 현실적인 압박과 함께 대규모 구조조정으로 연일 충격적인 뉴스들을 쏟아냈다. 특히 비윤리적 운용으로 인한 암호화폐 테라^Terra와 루나^Luna의 폭락과 세계 3대 암호화폐 거래소인 FTX 파산 등의 악재가 겹치면서 암호화폐 시장은 물론 블록체인 관련 산업군 전반이 동반 폭락했다. 시장은 헤어나올 수 없는 나락에 빠진 듯 침체의 일로를 걷고 있다.

메타버스 시장의 침체에 대해 많은 사람들은 메타버스 산업이 가지고 있는 실체의 모호함, 경제적 가치의 부재, 사업적 구체성의 부족을 이유로 들고 있다. 더 나아가 이런 흐름을 일시적 유행으로 바라보는 시각도 존재한다. 그래서 거품이 빠진 지금이 바로 메타버스 산업의 현실이며 실제 가치라고 평가하기도 한다. 하지만 본질은 그렇지 않다. 지금의 하락추세는 메타버스나 블록체인 분야에 국한되지 않는다. 이는 급격하게 성장하면서 거품이 낀 거의 모든 기술과 산업 분야가 코로나19 팬데믹 이후 겪는 공통적인 현상이다. 불황으로 글로벌경제가 급격하게 기울면서 기업들의 지표들은 나빠지고 시가총액이 증발하여 모든 것들이 위태롭게 보이기 시작해 생겨난 현상이다. 특히 메타가 직원들을 구조조정하고 비용투자를 줄이자 이것이 대대적으로 조명되면서 메타버스 산업 전반에 대한 위기감이 과장된 것도 사실이다.

중요한 것은 이러한 현상 이면에 존재하는 변화의 진짜 동인과 방향은 무엇인가이다. 안개가 가득 껴 잘 보이지는 않지만 그 안에서 미약하나마 중요한 시그널을 찾아내고, 시그널이 가리키는 방향과 그것의 파급을 인지하는 것이 어느 때보다 중요해졌다. 메타버스와 블록체인 관련 산업이 지금 어디를 향해 진화하고 있을까? 기회는 무엇이고 또 위협은 무엇일까? CES 2023에서 치열하게 관찰하고 질문하며 메타버스와 웹 3.0 분야에서 달라진 것들과 변해야만 하는 것들을 발견하고 답을 찾아보려 한다.

거대한
판의 변화를
예고하다

◐   메타버스는 작년과 동일하게 이번에도 주요 카테고리로 포함되었다. 코로나19 팬데믹은 엔데믹을 향해 가고 있고 대다수 국가의 경우 격리나 강제로 마스크를 써야 하는 규제를 철회했다. 사회적 거리두기로 온라인에서 진행되었던 많은 것들이 다시 오프라인으로, 또 현장으로 돌아오고 있다. 그럼에도 메타버스란 키워드는 오히려 더 구체적이고 다양해지고 있다. 많은 산업영역에서 메타버스를 코로나19 팬데믹 이후 위기를 돌파할 중요한 트렌드로 여기고 있다. 블록체인, 암호화폐, NFT로 구분되어 있던 카테고리들은 웹 3.0이라는 하나의 카테고리로 통합되어 처음으로 CES에 이름을 올렸다. CTA가 서두에 발표하는 테크트렌드 투 워치의 6대 트렌드에도 '웹 3.0 & 메타버스'가 포함될 정도로 그 비중은 상당했다. 게임 분야의 비약적인 성장에도 메타버스가 차지하는 비중이 있었기에 실상은 엔터프라이즈·모빌리티·헬스테크·지속가능성과 함께 5대 핵심 트렌드라 봐도 무방할 정도였다.

이렇게 메타버스를 중요하게 조망하는 이유는 디지털 전환이 가속되면서 클라우드, AI, 컴퓨팅 성능 및 사물인터넷이 빠르게 발전하며 차후 기술과 산업 발전에 대한 기대가 커졌기 때문이다. 그리고 그 기술들의 교차점에 있는 산업 중 아직 크게 성장하지 못했거나 외연이 모호한 분야가 바로 메타버스다. 얼마 전까지만 하더라도 가능성이 전부였던 산업이었으나 최근 그 가능성의 실현이 가시화되는 시그널들이 곳곳에서 쏟아지고 있고 이것이 메타버스가 점점 중요해지고 있다는 사실을 방증한다. 또한 웹

3.0도 블록체인을 기반으로 한 분산과 소유라는 가치를 웹의 미래로 보는 시각과 몰입도 높은 확장된 가상공간을 공간 인터넷^{Spatial Internet} 또는 체화된 인터넷^{Embodied Internet}으로 보는 시각 모두를 아우르며 메타버스와의 접점을 좁혀가고 있다.

전통적으로 TV와 같은 AV 가전과 디지털 가전을 전시하는 LVCC 센트럴홀에도 처음으로 메타버스관이 설치되어 관련 기업들의 전시가 이루어지고 있었다. 디스플레이·홈 중심의 가전이 가상세계와 집 내부 공간을 넘어 사용자 개개인에 특화된 메타버스로 옮겨가고 있다는 사실을 상징하는 전시들이 곳곳에서 눈에 띄었다. 주요 참가 기업인 소니·TCL·캐논 같은 기성 기업의 부스에서도 메타버스 기술이 적용된 새로운 제품이나 서비스 등을 볼 수가 있었기에 실제 CES 2023에서 메타버스 분야가 차지하는 비중은 실제 메타버스관의 크기보다 훨씬 더 크다는 것 또한 알 수 있었다. 예년에 비해 그 비중과 실질적인 제품의 양이 성장했다는 의미이다. 전시장에는 모터쇼를 방불케 할 만큼의 수많은 전기차와 모빌리티 서비스들이 웨스트홀을 가득 채우고 있었고, 베네시안엑스포의 유레카 파크에는 1,300여 개의 스타트업이 셀 수 없을 만큼 다양한 분야의 아이템들을 선보이고 있었다. 하지만 그들 사이에도 메타버스와 웹 3.0 기술들이 곳곳에 스며들어 있었다.

수년 전에도 AR·VR이 큰 인기를 끌었던 적이 있었다. 그때는 콘텐츠·성능·사용성·기능 등이 전반적으로 부족하거나 아쉽다는 느낌이 많았었는데 이제는 사뭇 분위기가 달라졌다. 퀄리티는 물론 양적인 측면에서도 크게 발전한 모습이었다. 디지털 트윈이나 버추얼 휴먼^{Virtual Human} 등의 새로운 기술들을 선보이는 곳들이 부쩍 많아졌고 제품의 구체성과 실용성도 높아졌다. 전체적인 메타버스 생태계가 확장되고 있음이 느껴졌다.

CES는 글로벌산업 생태계의 축소판이다. CES에서 새로운 것이 등장하면 실제 산업 생태계에도 영향을 미치기 시작한다. 반대로 어떤 것이 사라진다면 실제 산업 생태계에서도 사라지기 시작한다. 이런 이유로 CES에서는 제품 하나하나의 기술을 깊숙하게 들여다보는 것도 중요하지만 큰 그림으로 전체를 연결하여 조망하고 질문을 던질 필요가 있다.

◉　　　이번 CES는 메타버스 산업이 본격적으로 개화하기 전에 틔운 싹을 확인하는 시간이었다. 그들이 어떤 나무로 크게 될지 아직 모르지만, 분명 거대하고 울창한 숲을 이루게 될 것이라는 시그널을 곳곳에서 실감할 수 있었다.

1. 플랫폼으로 확산되는 VR 올인원 디바이스

메타가 쏘아 올린 작은 공이 커다란 반향이 되어 돌아오고 있다. CES 2023에는 눈에 띄게 가상현실 관련 디바이스가 많아졌다. 특히 올인원 디바이스들이 눈에 띄게 늘어났고 이를 활용한 다양한 시도들이 곳곳에서 목격되었다. 올인원 VR 헤드셋이라고 구분되는 디바이스들은 별도 외부 컴퓨터의 도움 없이 자체 내장된 컴퓨터만으로 가상현실에 접속할 수 있게 해준다. 2017년 메타가 발표한 오큘러스 Go^{Oculus Go}를 시작으로 2019년 오큘러스 퀘스트^{Oculus Quest}, 2020년 오큘러스 퀘스트 2(지금은 메타 퀘스트2로 이름이 변경됨)로 이어지며 본격적으로 시장이 개화했다. 퀘스트 2는 2년 만에 무려 1,500만 대 이상 보급되며 가상현실 디바이스 시장을 견인했고 지금은 HTC의 바이브 포커스 3^{Vive Focus 3}, 바이브 XR 엘리트^{Vive XR Elite}, 바이트댄스^{Bytedance}의 피코 4^{Pico 4}, 메타의 퀘스트 프로^{Quest Pro} 등 여러 기업에서 다양한 디바이스들을 연달아 개발하여 출시하고 있다.

그전까지의 가상현실 시장은 게임을 목적으로 하는 유선 디바이스, 즉 PC VR이 중심이었다. 비싼 고성능의 게이밍 컴퓨터와 연결해야 하고 거추장스러운 케이블 때문에 사용성도 좋지 않아 제한된 특별한 용도가 아니라면 주로 게임 매니아 시장에 머물러 있던 제품이라고 봐도 무방한 수준이었다. 하지만 이제는 GPU를 비롯한 컴퓨팅 성능의 비약적인 발전과 기술혁신으로 디바이스들이 선으로부터 자유로워졌고 가격경쟁력까지 갖추게 되었다.

실제로 메타는 퀘스트 2를 1,500만 대, 소니는 PS VR 1을 600만 대, 그리고 HTC나 다른 메이커들까지 판매고를 덩달아 끌어올리면서 트렌드를 견인하고 있다. 이는 몰입감 높은 가상현실 디바이스 생태계의 마중물이 되기에 충분한 숫자이다. 시장에서 오롯이 플랫폼만을 위한 애플리케이션과 콘텐츠만으로도 수익을 낼 정도의 보급률이 달성되었기 때문이다. 이는 블루오션이던 초기의 스마트폰 시장과 비슷하다. 그래서 전시장 여기저기서 VR기기를 플랫폼으로 활용하여 다양한 애플리케이션과 서비스를 개발하는 스타트업들과 대기업들을 발견할 수가 있었다. 작년과 비교해도 눈에 띄게 늘어난 숫자이다. 이는 앞으로 가상현실 기반의 아이템들이 급격하게 늘어나게 될 것을 알리는 강력한 시그널이다.

국내 스타트업인 히포티엔씨^{Hippo T&C}는 VR 헤드셋을 착용하고 3가지 가상현실 콘텐츠 게임을 하고 나면 플레이어의 ADHD 경향성을 5가지 항목으로 진단할 수 있다고 한다. 정도에 따라 제공되는 게임을 플레이하면 자연스럽게 ADHD를 완화하고 치료할 수 있는 가상현실 기반의 디지털 치료 서비스도 개발하고 있다고 한다. 기존 진단과 치료방식은 절차도 복잡하고 접근성이 떨어지는 데 반해 거부감 없이 쉽게 게임을 통해 진단은 물론 치료까지 받을 수 있는 것이다.

비슷한 원리로 해외에서는 경증 치매 진단을 받은 노인들을 대상으로 다양한 가상현실 기반의 인지트레이닝·수리트레이닝을 제공하여 증상을 완화하는 서비스도 있다. 가상현실 치매 프로그램에 가족들의 영상이나 사진을 활용하여 환자와 상호작용함으로써 몰입감을 높이고 중증 치매 완화 효과를 발생시킨다. 이는 PTSD에도 적용할 수 있으며 심리적 치료와 상담이 필요한 폐소공포증·대인공포증·고소공포증 치료에도 활용하려는 다양한 시도들이 이어지고 있다.

VR 디바이스와 함께 다른 센서를 연동하는 시도들도 등장하고 있는데 스타트업 아이메디신^{iMediSync}은 VR 헤드셋에 뇌파를 읽을 수 있는 스캐너를 결합하여 특정 콘텐츠를 플레이하는 동안 알츠하이머 포함 인지판단 관련 여러 질환에 대한 잠재적 가능성을 측정하는 기술을 선보였다. 동공의 움직임, 표정, 반응 속도, 반응 양상, 뇌파 등을 읽어낼 수 있는 센서가 자체적으로 내장되어 있는 경우와 더불어 별도로 장착할 수 있는 액세서리도 연구개발되고 있어 장차 이 분야에서는 다양한 혁신 사례들이 쏟아질 것으로 예상된다.

롯데정보통신의 자회사 칼리버스^{Caliverse}는 작년에 이어 올해에 3배 더 큰 규모로 참가했다. 마트와 영화관 등 오프라인에서 운영하는 리테일·엔터테인먼트 서비스들을 VR 가상세계 안에 구현하여 고객경험 혁신을 위한 시도를 보여주었다. 가상현실 내에서 상품을 고르고 피팅하거나 구매하는 체험을 할 수 있고, 영화나 콘서트를 단체로 관람해볼 수도 있다. 특히 K팝 공연이나 EDM 공연을 가상 공간에서 직접 체험할 수 있었는데 TV로 보는 것과는 비교할 수 없는 몰입감과 현장감을 느낄 수 있다는 게

매력적인 포인트였다. 코로나19 팬데믹을 거치면서 이미 많은 해외 기업들이 가상현실 헤드셋을 활용한 콘서트 관람, 쇼핑 등 다양한 콘텐츠의 체험 서비스를 개발하고 있어 이 분야는 앞으로 급격하게 성장할 가능성이 크다.

VR 게임이나 콘텐츠를 만드는 스타트업들도 CES에 부스를 차리고 자사의 앱을 홍보하고 있는 모습들을 발견할 수 있었는데 참가한 기업의 수는 전체 중 소수에 불과하여 실제 VR 애플리케이션의 성장세를 보여주기엔 충분하지 않아 보였다. 현재 메타 퀘스트 스토어에는 400여 개가 넘는 애플리케이션이 판매되고 있는데 그중 30% 이상이 수백만 달러의 매출을 올리고 있다. 이는 VR 생태계의 강력한 유입 요소가 되고 있다. 이를 방증하듯 퀘스트 앱랩Quest AppLab에는 이미 1,500여 개가 넘는 앱들이 올라와 심사를 기다리고 있고 인기 PC VR 게임들은 물론 PC 전용 대작 게임들도 올인원 VR 디바이스로 변환을 진행하고 있다고 한다. 스마트폰이 출시된 2007년 초기에는 앱이 200여 개에 불과했지만 10년 만에 수백만 개 시장으로 성장을 했듯 지금 가상현실 디바이스 기반의 앱 또한 시간은 걸리겠지만 지속적인 업데이트와 신제품 출시로 성장할 것이다. 지금은 올인원 VR 헤드셋의 보급 규모가 2,000여만 대에 불과하지만 HTC·바이트댄스·애플 등 기업의 시장진입으로 보급 규모가 1억 대를 넘어서는 즈음에는 앱 시장의 규모도 비약적으로 성장하며 새로운 하드웨어 플랫폼 시장의 시대가 본격적으로 열릴 것이다.

2. 메타버스 하드웨어 플랫폼을 중심으로 확장되는 주변 생태계

CES에서 가장 재미있는 제품 중 하나는 단연 메타버스 및 가상현실 디바이스와 연동되는 주변기기일 것이다. 햅틱 장갑, 햅틱 슈트, 컨트롤러, 모션 트래킹 센서들이다. 이미 10여 년 전부터 가상현실과 연동되는 햅틱 액세서리들이 출시되어 오고 있었으나 최근의 양상은 사뭇 다른 모습이다. 이전에는 사용성이나 완성도와 상관없이 컨셉을 증명하고 인정받기 위해 애를 썼다면 지금은 콘셉트는 이미 증명되었으니 누가 실제 활용의 가치를 만들고 사용성과 완성도를 높이느냐의 경쟁에 돌입한 것처럼 보인다. 특히나 메타 퀘스트 2와 같이 높은 보급률을 보이는 제품과 HTC 바이브와 같이 생태계를 견인하는 플랫폼 개방성을 가진 제품들 덕분에 상황이 급변하고 있다.

가장 활발한 분야는 촉각 인터페이스 기능을 강화하는 햅틱 웨어러블인데, 그중에도 햅틱 글로브를 개발하는 기업들이 가장 눈에 띈다. 한국 비햅틱스의 택트글로브[TactGlove], 햅트엑스[HaptX]의 G1 글로브[G1 Glove], 그리고 일본 AI 실크[AI Silk]의 리드스킨[LEAD SKIN]이 대표적인 햅틱 글로브들이다. 이들의 디자인과 사양은 조금씩 다르지만 본질적으로 가상현실이나 증강현실에서 가상의 물체와 상호작용할 때 촉각을 통해 피드백을 주고 더 실제와 같은 느낌을 체험하게 만드는 것이 목적이다. 가상공간에서 만지는 물체는 실체가 없기 때문에 아무 느낌도 들지 않지만 모터의 진동을 이용하여 질감, 무게감, 두께감, 움직임 등을 촉각으로 느낄 수 있게 만들어주는 것이다. 가상공간에서 손으로 컵을 쥐었을 때 진짜 컵을 잡는 느낌을 촉각 피드

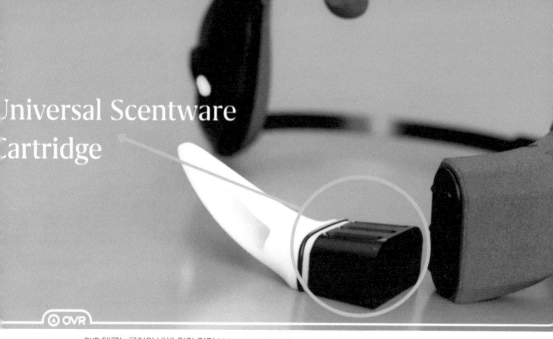

OVR 테크놀로지의 냄새 감각 기기 (출처: OVR 테크놀로지)

백으로 만든다. 햅트엑스의 글로브를 착용하고 가상공간의 고양이를 만지면 그 미세하고 부드러운 털을 느낄 수 있다.

같은 원리의 촉각피드백이 적용되는 다른 예는 바로 햅틱 슈트다. 여러 개의 햅틱 액추에이터와 열선이 가상현실 내에서 무언가에 접촉하거나 물리적인 충격을 느꼈을 때 그 느낌이나 열기를 구현하여 몸으로 느끼게 만드는 웨어러블 주변기기이다. 슈트에는 햅틱 모터를 적용하여 진동으로 피드백을 주거나 근육에 밀착된 슈트에 전기적 자극을 가하는 EMS 방식 등이 있다. 테슬라슈트Teslasuit에서 나오는 제품처럼 가격이 비싸고 고사양인 경우는 자체적으로 모션캡쳐나 생체인식 같은 부수적인 기능을 내장하고 전문적인 목적으로 활용되고 있다. CES 2023에서는 비햅틱이 택트슈트TactSuit를, OWO가 스킨 VR 슈트Skin VR Suit를 출품하였고 작년에 이어 액트로니카Actronika의 스키네틱Skinetic이 혁신상을 수상했다. 이들의 공통점은 저변확대를 위해 조끼나 상의로 햅틱 슈트 기능의 적용 범위를 제한하여 가격을 낮추고 쉽게 착용하게 만들면서 상체 위주의 피드백을 구현하고 있다는 것이다. 이와 더불어 VR기기가 빠르게 보급되면서 다양한 게임과 앱에 적용될 가능성이 커지고 있다. OWO의 경우 가상공간에서 포옹을 하는 경우 그 촉감과 따뜻함을 시뮬레이션하여 원격으로 전달하는 데모를 선보였는데 VR 소셜 네트워킹에서 활용되는 경우 그 쓰임새가 매력적이라 많은 사람들의 관심을 끌었다.

소니의 경우는 PS5에 연결하는 PS VR 2 신제품의 실물을 처음으로 공개했는데 동시에 모코피^{Mocopi}라는 6개의 소형 모듈형 모션 캡쳐 제품을 함께 선보였다. 양팔·양다리·허리·머리에 각각 부착하면 신체의 움직임을 실시간으로 캡처하여 아바타가 춤을 추거나 전신의 움직임을 그대로 반영해주는 전신 트래킹 센서인데 방 안에 센싱을 위한 별도의 베이스 스테이션을 설치하지 않고도 움직임 추적이 가능한 장점이 있다. 범용 VR 헤드셋을 착용하더라도 이 모듈을 사용하면 전신 모션 트래킹이 가능하기 때문에 VR챗 같은 소셜네트워크는 물론 피트니스나 댄스, 스포츠와 같은 분야에도 높은 사용성을 제공해줄 뿐만 아니라 모션 캡처가 필요한 경우에도 쉽게 활용이 가능할 것으로 보인다.

이미 오래전부터 VR 분야의 경우 더 실제 같은 몰입감과 움직임에 대한 자유도를 주기 위해 고정형 트레드밀이나 모션체어, 달리거나 나는 동작에 대한 피드백이 가능한 키네틱 시뮬레이터 등 다양한 주변기기들이 개발되고 선보여져왔다. 나날이 발전하는 주변기기들이 VR 체험 파크나 게임센터 등에 실제로 적용되어 고도의 경험을 제공했는데 이번 전시에서는 이런 기기들이 가정에 적용되면서 좀 더 개인화된 퍼스널 엔터테인먼트로 무게 중심이 이동하는 추세를 엿볼 수 있었다. 미국의 OVR 테크놀로지는 가상현실에서 냄새를 시뮬레이션하여 맡을 수 있게 하는 기술을 선보였는데 오감 중 후각에 대한 첫 개인화 시도라 볼 수 있다. 파나소닉이 인수하여 자회사가 된 일본의 스타트업 시프트올^{Shiftall}은 하리토라엑스^{HaritoraX}라는 모션 캡처 센서는 물론 메가네엑스^{MeganeX}라는 초소형 PR 헤드셋을 출시한 기업인데 올해도 뮤톡^{Mutalk}이라는 재미있는 제품을 선보였다. 가상현실에서 하는 대화를 실제 리얼월드에서는 들리지 않게 방음하고 해당 음성을 블루투스를 통해 가상현실의 상대방에게 보내주는 기발한 제품이다.

3. 현실과 가상을 연결하는 혼합현실 디바이스

증강현실에 대한 기대는 몇 년간 계속되어 오던 애플 글래스^{Apple Glasses} 출시 루머만 보아도 알 수 있다. 대중화만 된다면 가장 큰 반향과 변화를 이끌어낼 강력한 동인임은 분명하나 그만큼이나 큰 기술적 제약, 사용성에 대한 어려움, 프라이버시나 사회적 수용성에 대한 장벽들이 아직도 해결될 날을 기다리고 있다. 구글 글래스^{Google Glass} 실패 이후 매직리프^{Magic Leap}나 메타와 같은 기업들이 증강현실 글래스에 대한 도전을 계속해왔지만 쉽지 않았고 여전히 시행착오를 반복해오고 있음이 이를 증명한다.

증강현실 글래스는 아직도 상황이 다르지 않다. 애플은 잠정적으로 AR 글래스 개발을 연기했다는 소문이 들린다. 뷰직스^{Vuzix}·TCL·엔리얼^{Nreal} 같은 기업들이 계속 일반 안경형의 글래스를 출시하고 있으나 일반 소비자를 대상으로 하는 경우는 여전히 일상생활과 밀착된 다양한 응용과는 거리가 멀고 대신 유튜브나 넷플릭스 같은 영상을 시청하는 기능을 소구하고 있다. 엔터프라이즈 용도로는 그나마 건설·물류관리·안전관리·제조 현장과 같은 곳에서 직접적으로 활용되고 있는데 그리 일반적인 경우는 아니다.

증강현실 글래스의 경우 기술적으로는 밝은 주간에 야외시인성이 떨어지고 시야각도 좁은 데다 광학계의 한계로 인해 선명한 고해상도의 이미지를 실제 물리적 환경과 연동하여 디스플레이하는 것도 쉽지 않다. 더 어려운 것은 사용성 부분으로 안경을 착용하지 않는 유저들에게 불편한 글래스를 굳이 착용시킬 만한 유인이 분명하지가 않다. 2012년 구글 글래스의 실패 요인 중 하나인 프라이버시 침해 문제에 따른 카메라에 대한 거부감은 아직 극복이 요원하며, 이를 상쇄할 만한 사회적 명분도 미비한 상태이다.

혼합현실^{MR}은 가상현실의 컨텍스트를 현실 공간에 상호작용시키는 복합적인 기술인데 그동안 마이크로소프트의 홀로렌즈^{HoloLens}가 대표적인 디바이스였다 일부 엔터프라이즈 영역에 적용되긴 했으나 실제 디바이스의 성능과 사용성에 대한 이슈가 지속적으로 해결되지 않아 이를 위해 퀄컴과 협력해왔다. 하지만 최근 홀로렌즈 3의 개발을 잠정적으로 중단한다는 결정을 내리고 메쉬^{Mesh} 클라우드 플랫폼에 집중하려는 모양이다.

이런 상황에서 메타가 출시한 퀘스트 프로나 바이트댄스가 출시한 피코 4 VR, 바르요^{Varjo}의 하이엔드 VR 디바이스, 그리고 HTC가 CES 기간 중 공개한 바이브 XR 엘리트는 VR과 AR 사이의 과도기적 기술들을 보여주고 있다. 컬러 패스쓰루^{color pass through} 카메라로 구축한 혼합현실을 통해 가상 공간뿐 아니라 같은 물리적 공간 내 멀티 유저들 간의 상호작용을 가능하게 만들어 새로운 사용자 시나리오나 응용 애플리케이션이 나올 수 있는 조건을 조성한 것이다. 마이크로소프트가 홀로렌즈 데모를 통해 시도했던 가능성이 VR 기반의 혼합현실 디바이스를 통해 본격적으로 실현될 수 있다는 의미이다. 이 시장을 조망하고 있던 애플도 혼합현실 디바이스를 통해 연내 혹은 늦어도 2024년 초까지는 리얼리티 디바이스를 출시할 계획을 밝히고 있어 MR 기반의 메타버스 시장은 본격적으로 커질 것으로 예상된다. 이는 현실과 연계된 공간 인터넷 확장의 시그널로 볼 수도 있으며 이 시장에 새로운 킬러 애플리케이션과 컴퓨팅 디바이스 폼팩터가 대중화될 수 있는 미래를 조망하게 한다.

4. 일상으로 들어온 AI 기반의 메타휴먼과 아바타

최근 몇 년 사이에 급속하게 관심이 쏠리고 더불어 기술적 발전이 비약적으로 일어나는 분야가 바로 버추얼 휴먼이다. 버추얼 휴먼은 그래픽 가상화 기술을 활용해 실사의 이미지를 모델링하여 캐릭터를 입힌 가상 인간이다. 실제로는 존재하지 않지만 디지털로 구현된 가상의 실체이다. 메타버스에 접속할 때 우리를 대신하여 디지털 공간에서 직접적 상호작용을 하게 되는 대상을 '아바타'로 부르는 데 반해, 버추얼 휴먼은 디지털 공간 밖의 원 주체가 존재하지 않는, 컴퓨터 게임으로 치면 NPC[Non Player Character]와 같은 속성을 띠고 있다고 볼 수 있다. 둘 모두 컴퓨터그래픽 기술과 가상화 기술에 기반하고 있는데 버추얼 휴먼의 경우는 인간인지 아닌지 구별하지 못할 정도로 실감 나야 하기에 가상화 기술과 AI 기술이 매우 중요한 역할을 하고 있다. 디지털 공간에서의 아바타와 버추얼 휴먼 모두를 아울러 메타휴먼[Metahuman]이라고 구분하고 있다. 마치 우리가 사는 세계 너머의 가상세계를 메타버스라 부르듯 메타휴먼은 우리 자신을 넘어선 가상의 인간계를 의미한다고 봐도 무방할 것이다.

CES 2020에서 삼성은 네온이라는 메타휴먼 제작 기술과 가능성을 선보였고, 코로나19 팬데믹 시국에 열린 CES 2021에서 LG가 버추얼 인플루언서 '김래아'를 소개한 후, 본격적으로 메타휴먼에 대한 관심이 증가했다. 실제로 다양한 채널과 미디어를 통해 수백 명의 버추얼 인플루언서들이 활동하기 시작했고 여러 기업들이 AI와 가상화, 모델링 기술들을 이용하여 관련한 다양한 기술들을 개발하기 시작했다. 메타버스의 모호한 가능성 대비 버추얼 휴먼이 가지는 가치는 상대적으로 명확하다 보니 많은 기업들이 관련 분야에 뛰어들었고, 다양한 시도들이 가시화된 것이 이번 CES 2023의 두드러지는 특징이다.

한국 스타트업 펄스나인^{PULSE9}은 딥리얼 AI 기술을 활용하며 만든 가상의 K팝 걸그룹 '이터니티'를 소개하며 버추얼 휴먼의 엔터 산업에서의 가능성을 보여주었고, 또 다른 스타트업 딥브레인 AI$^{DeepBrain AI}$는 SaaS 기반의 버추얼 휴먼 제작 도구인 'AI 스튜디오$^{AI Studio}$'를 선보였다. 아이디어가 돋보였던 리메모리^{ReMemory}라는 버추얼 휴먼 기반의 가상현실 추모 서비스도 함께 소개했는데, 추모하고 싶은 사람의 버추얼 휴먼을 모델링하고 가상현실 공간에서 만나 상호작용하며 과거의 추억을 회상할 수 있다고 한다. 홍콩 스타트업 판테온 랩$^{Pantheon Lab}$은 '아이돌 스튜디오$^{AIDOL Studio}$'라는 SaaS 기반의 버추얼 휴먼을 단시간에 만들어낼 수 있는 제작 도구를 선보였는데 버추얼 휴먼을 만들어 목적에 맞는 숏폼의 동영상까지 바로 만들어낼 수 있는 서비스들을 함께 공개했다. 이 분야에서 가장 주목을 받았던 곳은 한국 솔트룩스^{Saltlux}가 개발한 '플루닛 스튜디오$^{Ploonet Studio}$'인데 다른 스타트업들의 제품들과 유사한 콘셉트지만 실제 전시장에서 참관객들이 자신의 버추얼 휴먼을 만들어서 유튜브 동영상을 제작하는 체험을 해볼 수 있어 많은 관심을 모았다. 아직은 음성합성이나 동영상 생성 부분에서 어색하거나 개선해야 할 부분들이 많지만 이 서비스가 가지는 매력과 가능성을 선보이기에는 충분했다.

이번 CES에 출시된 제품들의 동향에 비추어 보면 확연하게 바뀐 기조를 느낄 수 있다. 최근 몇 년간은 버추얼 인플루언서를 중심으로 한 비즈니스가 중심이었는데 이제는 수요의 중심이 유명한 가상 인간이 아닌 일상에 유용한 가상 인간으로 그 축이 이동하고 있는 것이다. 나를 대신할 유튜버를 만들고, 방송 내레이터는 물론 챗GPT와 같은 대규모 언어 모델을 기반으로 한 AI 서비스와 연계한다면 365일 24시간, 언제나 고객을 응대할 친근한 가상 대인(對人) 서비스도 가능하게 될 것이다. 등신대 사이즈의 버티컬 디스플레이에 구동되도록 만들면 로비나 특정 공간에서 마치 사람이 직접 응대하는 듯한 서비스도 가능하다. 미디어월을 통해 이동하는 수많은 고객들과 적극적으로 상호작용할 수도 있다.

버추얼 휴먼 기술은 아바타 생성, 또는 메타버스 내의 다양한 영역에서 다채롭게 변용될 것이다. 사용자들은 아바타에 개인별로 다른 취향을 적용하여 어떤 사람은 자신과 닮은 아바타를, 어떤 사람은 귀엽고 독특한 아바타를, 또 어떤 사람은 완전히 자신과 다른 아바타를 생성할 것이다. 현재까지는 많은 서비스들이 정해진 옵션 안에서 자신의 아바타를 선택하여 튜닝하는 방식으로 구현되어 있었다면 향후에는 마치 우리가 사는 세계처럼 다양한 스타일과 취향을 가진 아바타들로 활동하는 서비스들이 늘어날 것이다. 마치 '스타워즈'나 '맨 인 블랙'처럼 다양한 행성의 인류들이 섞여 살아가는 메타버스 세상이 펼쳐지는 것이다.

CES가 전통적으로 홈 가전과 자동차를 중심으로 전시를 꾸렸던 것을 생각해보면, 버추얼 휴먼, 아바타 기술이 확장될 분야를 미리 짐작해볼 수도 있겠다. LG는 이미 자율주행차 컨셉의 옴니포드^{Omnipod}에 버추얼 인플루언서 김래아를 AI 에이전트로 탑재시켜 데모 버전으로 출시한 바 있다. 소니와 혼다의 합작으로 제작된 전기차 아필라는 차량 내부는 물론 그릴부까지 스크린으로 덮여 있어 버추얼 휴먼과 상호작용하기에 용이하며, 더 다양한 기능을 제공할 수 있다. 집 안의 TV·냉장고·세탁기 같은 가전들에도 점점 더 큰 디스플레이가 채용되고 있어 버추얼 휴먼 기능이 적용되기에 최적화된 환경이 시장에 조성되고 있다. 현실과 가상의 경계가 허물어지고 버추얼 휴먼과 진짜 사람이 상호작용하는 모습이 아마도 향후 CES에서 목격하게 될 미래일 것이다.

5. NFT와 블록체인의 부정적 이미지를 쇄신한 웹 3.0

NFT는 CES 2022에 처음으로 추가된 카테고리였다. 당시는 워낙 관심이 뜨거웠던 트렌드였기에 이상하다는 반응보다는 당연하다는 반응이 많았고 실제로도 NFT를 열람하고 거래할 수 있는 스마트TV, NFT 디지털 액자 등이 선보였다. 암호화폐 3대 거래소 중 하나인 FTX도 CES에 참가하여 파티를 열고 큰 주목을 받았다. 하지만 이후 암호화폐 테라와 루나의 폭락, FTX의 파산, 코인 업계의 도덕적 해이와 불투명한 기업 운영은 글로벌 경기침체와 맞물리면서 블록체인 산업 전체에 부정적인 이미지를 가중시켰고, 시장 전체의 폭락으로 이어졌다. 하지만 CES 2023이 블록체인과 NFT의 가능성을 부정하며 과거로 회귀하라는 부적절한 대안을 제시한 것은 아니다. 대신 아직 범주와 정의가 명확하지는 않지만, 미래지향적이며 다양한 해석과 확장이 가능한 웹 3.0이라는 키워드를 제시했다. 웹 3.0은 블록체인·암호화폐·NFT를 모두 아우른다.

센트럴홀에 메타버스와 함께 별도 공간이 마련된 것은 특기할 만한 사실이긴 하지만 웹 3.0이라는 키워드가 등장한 것과 별개로 역시나 NFT와 블록체인 관련 기업이 특별히 많이 눈에 띄지는 않았다. 다만 한 가지 분명하게 달라진 점은 블록체인 관련 기업들의 비즈니스모델에 대한 범주가 더 명확해졌고 더 창의적이고 혁신적인 제품들이 개발되고 있다는 점이었다. 코인데스크CoinDesk는 센트럴홀에 웹 3.0 스튜디오를 차리고 관련한 인터뷰나 토크쇼를 개최했고 삼성전자는 니프티 게이트웨이Nifty Gateway와 협력한 NFT 열람·거래가 가능한 스마트TV를 올해도 전시했다. 이를 의식한 것인지 LG전자도 스마트TV에서 NFT를 거래할 수 있는 LG 아트랩LG Art Lab이라는 플랫폼을 선보였고 산사Sansar·엘린시르Elynxir·오월드Auxworld등 게이밍이나 소셜 기반의 메타버스 서비스에 접속할 수 있는 기능을 채용하기도 했다. 파트너인 NFT 스니커즈 '몬스터 슈즈'와의 콜라보를 통해 LG 스타일러 슈케이스와 슈케어 서비스를 어필하는 모습도 독특했다. 마스터카드는 아티스트 엑셀러레이터Artist Accelerator란 프로그램을 런칭하고 NFT를 이용한 뮤직패스 기능을 공개했다. 기존 기업들이 NFT나 가상자산 기술을 활용하는 다양한 시도를 엿보며 앞으로의 트렌드를 짐작할 수 있었다.

스타트업들의 도전도 주목할 만했는데, 한국의 루트라Lutra는 NFT 포토카드 클램CLAM을 서비스하는 키오스크를 선보이고 참관객들의 사진을 바로 민팅하여 NFT로 발행하는 서비스를 제공하였다. 형태가 없는 관념적인 것을 물리적인 영수증으로 출력하여 체험할 수 있게 하는 브리징^{bridging} 서비스는 꽤 큰 호응을 받았다. 스타트업 EQBR은 이큐허브^{EQ Hub}라는 개발자용 블록체인 서비스 플랫폼을 런칭했다. 코딩 없이도 사용자들이 목적에 맞게 스마트 계약을 생성하고 토큰을 발행하여 월렛 서비스까지 연동할 수 있는 서비스였다. 블록체인이 해결하고 만들어야 할 미래의 방향성을 잘 인지하고 있다는 인상을 받았다. 블록체인 인프라를 분산형 전력 그리드에 연동하여 다양한 서비스를 전개하는 그린파워 네트워크^{GreenPower Network}라는 스타트업도 눈에 띄었다. 사용자별로 아바타 NFT를 만들고 그린파워 ID를 할당하여 에너지를 절약하고 환경을 나아지게 만드는 데 참여하도록 유도하겠다는 비전을 선보였다.

6. 메타버스로 사업을 확장하는 기성 기업들

라스베이거스 컨벤션센터 메인 게이트를 지나면 가전 기업들의 전시가 포진한 센트럴홀이 있다. 이 구간은 오랫동안 CES의 메인 스테이지 역할을 해왔다. 삼성과 LG는 물론 일본의 메이저 기업들도 다 이곳에서 가장 큰 전시장을 꾸미고 가장 돋보이는 기술과 제품들을 선보여 왔다. 하지만 최근 10년 사이에 센트럴홀의 위상은 일부 모빌리티와 자동차가 차지한 웨스트홀로, 일부는 스타트업들이 자리 잡은 베네시안엑스포로 넘어간 것처럼 보인다. 이런 변화에 가장 큰 영향을 미친 것이 바로 '디지털 전환'이라는 대조류였다. 이렇게 디지털 전환이 거의 모든 기업의 사활이 달린

어젠다가 된 지도 얼마 되지 않았는데, 이제는 그 영역이 더 세분화·고도화되고 있다. 그 중심에 바로 메타버스라는 디지털 기반 시공간의 확장, 또는 실재와 가상의 탈경계라는 이슈가 자리하고 있다. 실제로도 자세히 뜯어보면 새로 생긴 메타버스관을 넘어 센트럴홀 전체에 메타버스란 새로운 조류가 스며들고 있음을 인지할 수 있었다

가장 눈에 띄게 변화한 기업은 바로 캐논이다. 카메라와 광학기기가 메인인 캐논의 전시장은 전체가 메타버스 관련 기술의 시연장 같았다. 주류인 카메라는 단 한 대도 전시되어 있지 않고 오히려 '노크 앳 더 캐빈'이라는 영화의 숲속 오두막 같은 콘셉트의 공간을 만들어 놓고 '리얼REAL'·'투게더TOGETHER'·'익스피리언스EXPERIENCE'라는 키워드를 관통하는 제품과 서비스를 체험할 수 있게 디자인해 놓았다. VR 소프트웨어 코코모 스튜디오Kokomo Studio를 통해, 스마트폰으로 자신을 리얼타임으로 스캔하고 가상현실 공간 속 자신의 아바타에 반영하는 서비스를 선보였다. 이는 가상공간에서 직접 대면 커뮤니케이션할 수 있는 첫 번째 VR 제품이다. 혼합현실 헤드셋인 엠리얼mReal의 시제품도 공개했는데 현실 공간에서 다른 사용자들과 함께 가상의 3D 데이터에 직접 액세스해서 상호작용하며 생산성의 향상은 물론 크리에이티브한 여러 작업을 할 수 있는 디바이스다. 암로스AMLOS는 자신들의 핵심역량인 광학 기술과 이미지처리 기술을 활용한 제품이다. 원격근무 환경에서 회의 참가자, 화이트보드, 책상 위 메모나 프로젝터 화면까지 자동으로 인식하여 사용자의 화면에 자동으로 체계적이고 효과적인 레이아웃을 생성하고 회의 정보를 기록·정리할 수 있도록 돕는 제품을 공개하기도 했다. 다양한 제품과 서비스를 선보이며 캐논은 자신들이 더 이상 광학기기만을 제조하는 기업이 아닌 광학 기술을 바탕으로

롯데정보통신 칼리버스 [출처: 최형욱]

현실과 가상을 원활하게 이어 새로운 콘텐츠를 창조하는 기업이라는 메시지를 분명하게 전했다.

니콘도 '언리얼 라이드Unreal Ride'라는 데모를 선보였는데 몰입감 있는 영상이나 가상현실 콘텐츠를 촬영할 수 있는 새로운 방식을 소개했다. 소니 또한 7대의 카메라를 통해 즉석으로 3D 입체 영상을 촬영하거나 아바타를 제작할 수 있는 솔루션을 선보였다. 더 나아가 프리미어리그 소속 맨체스터 시티의 축구 경기를 통해 새로운 메타버스 경험을 선보이기도 했다. 실제 경기장에 입체영상 촬영이 가능한 수백 대의 카메라를 설치하여 연결하고 동시에 촬영된 영상을 실시간으로 처리한다. 이는 바로 가상의 메타버스 공간 안에 경기장과 선수들의 모습을 구현하고 경기 장면을 디지털로 이원화하여 송출한다. 청중들은 아바타로 같은 공간에서 경기를 관람할 수 있을 뿐만 아니라 자신이 원하는 위치에서 다양한 앵글로 경기 장면을 선택해 볼 수 있다. 거기에 더해 27인치 SR^Spatial Reality 디스플레이를 공개했는데 평면 디스플레이로 별도의 안경이나 도구 없이 입체영상을 시청할 수 있는 입체영상^Volumetric 디스플레이의 프로토타입이었다. 니콘도 소니도 메타버스란 트렌드 속에서 변화의 시행착오를 겪으며 몸부림치고 있음을 느낄 수 있었다.

국내 기업 중에는 롯데정보통신의 칼리버스가 작년에 이어 올해도 전시를 했는데, 롯데면세점·하이마트·세븐일레븐과 같은 다양한 리테일 공간을 가상현실에 구현하고 오프라인에서 제공하기 어려운 고객 경험을 구현하려는 시도가 눈여겨볼 만했다. 기존에 오프라인을 기반으로 이루어지던 구매 경험이 몰입감 높은 메타버스 공간에서는 얼마나 새로운 가치를 창출할 수 있는지를 치열하게 고민한 전시였다고 평가하고 싶다. 이외에도 덴츠^Dentsu가 마이크로소프트와 협업하여 만든 새로운 메타버스 공간 NXT 스페이스^NXT Space, 피아트^Fiat가 만든 뉴 500^New 500의 메타버스 가상 스토어, 신한은행이 스타트업 핏펀즈^Fitfuns와 함께 만든 '시나몬'이 있었다. 기존 기업들이 내놓은 이런 메타버스 공간들은 위기와 혁신은 함께 온다는 격언이 반영된 결과물이었다고 할 수 있다.

7. 인간의 시야를 확장시키는 방식으로 삶의 문제를 해결하는 모바일 AR

증강현실 글래스의 상용화는 아직 많은 이유로 요원하지만 반대로 완전한 대중화까지 목전에 둔 것이 바로 모바일 AR이다. 현대인 거의 모두가 소유하고 사용하는 스마트폰에는 촬영·프로세싱·커뮤니케이션이라는 강력한 기능이 있다. 모바일 AR은 바로 이 스마트폰의 카메라와 센서를 증강현실에 적용한 것을 의미하는데 이미 수년 전부터 많은 기업이 이를 활용하여 고객의 문제를 해결하고 새로운 가치를 실현하려고 노력하고 있다. CES 전시장 곳곳에서 이미 이와 같은 흐름이 대중화된 것을 느낄 수 있었다. 카메라로 QR코드를 찍어 서비스에 직접 접근하는 방식이 코로나19 팬데믹을 거치며 익숙한 습관이 된 지금이야말로 모바일 AR로 변화를 만들어낼 사회적 합의가 도출된 시점이 아닌가 하는 생각이 든다.

모바일 AR의 경우 중요하게 떠오르고 있는 분야가 물체 인식, 실내 VPS$^{Visual Positioning System}$, 3D 캡처링, 증강 서비스 등이다. 증강현실 글래스의 기술은 아직 미흡하지만, 이미 스마트폰 카메라도 처리할 수 있는 서비스들이 셀 수 없이 많다는 사실을 이번 전시를 통해 확인할 수 있었다. 대표적인 사례로 한국 스타트업 알비언^{Arbeon}이 있다. 알비언은 스마트폰 카메라로 어떤 물체를 촬영하면 AI가 자동으로 라벨링을 처리하고 디지털 공간 내 사물을 중심으로 교류하고 소통할 수 있는 소셜미디어 서비스를 선보였다. 또 다른 스타트업 리콘랩스$^{RECON Labs}$는 플리카^{PlicAR}란 서비스를 통해 현실 세계의 사물을 스캐닝·모델링·후보정·렌더링하여 메타버스 공간으로 간단하고 신속하게 복제하는 솔루션을 전시했다. 다양한 사물을 메타버스 가상공간에 변환하여 올리고 커머스와 같은 용도로 활용할 수 있는 유용한 기술이다. 스타트업 맥스트^{Maxst}는 공간정보 기반의 위치정보 기술을 개발하고 있다. 또 메타버스 XR 테크기업 시어스랩^{Seerslab}은 미러시티$^{Mirror City}$라는 메타버스 공간에 현실 공간을 AR 스캐닝하여 확장하는 메타버스 서비스를 개발하고 있다.

교육분야의 경우, 웅진씽크빅은 AR피디아ARpedia 증강현실 교육 서비스를 출품하여 혁신상을 수상했다. 별도 크래들의 카메라나 태블릿의 카메라를 활용하여 교재의 콘텐츠를 인식하고 내용에 맞게 태블릿 스크린에 동영상·퀴즈·인터랙티브 미디어 등을 적절하게 재생하여 학습자의 몰입을 효과적으로 돕는 새로운 AR 미디어라 볼 수 있다. 삼성의 C랩 소속 스타트업인 메타버스 러닝 자세 코칭 플랫폼 메타러닝MetaRunning은 스마트 디바이스의 AR 카메라를 이용하여 러닝머신에서 운동할 때 실시간으로 자세 교정이나 달리기 지도를 받을 수 있는 증강현실 건강 애플리케이션이다. 이렇게 스마트폰이나 태블릿을 활용한 AR 서비스들이 비약적으로 늘어나고 있다. 앞으로 이와 같은 제품들은 CES의 전시장을 벗어나 우리 일상 속에 깊이 침투하여 다양한 문제들을 해결할 것이다

8. 현실을 가상에 미러링하는 디지털 트윈

CTA는 주목할 만한 테크트렌드를 발표하면서 메타버스 분야의 MoT라는 용어를 처음 제시하였다. 사물인터넷과 같이 사물들의 메타버스라는 개념이다. 이런 개념이 등장한다는 것 자체가 사물들이 가상의 메타버스 공간에서 연결되어 새로운 가능성을 만들어내고 있다는 의미로 볼 수 있다. 디지털 트윈과의 연계선상에서 함께 발전하는 개념이라 봐도 무방하다. 현실의 공장·물류센터·도시·인프라·센서·자동차 등이 디지털로 미러링이 되면 디지털 트윈이라고 불린다. 현실 세계에 사물이 서로 연결되어 데이

터를 주고받으며 환경의 변화를 감지하고 적절하게 반응하는 기술이 디지털 트윈으로 가상세계에 미러링되어 있다면 이것은 MoT로 불리게 된다.

이 분야의 선도주자인 엔비디아는 스마트 팩토리, 스마트 물류 등에 적용할 수 있는 옴니버스 플랫폼을 지속적으로 업그레이드하며 그 사용범위를 넓혀 가고 있다. 이번 전시에서는 드라이브 심DRIVE Sim이라는 자율주행 자동차 시뮬레이션 솔루션을 공개했다. 실제 도로의 데이터를 스캐닝·분석·재구성하여 디지털 트윈에 반영하면 자율주행 자동차가 실제 도로를 주행하는 것과 유사한 테스트 트레이닝을 소프트웨어 단계에서 수행할 수 있다고 한다. 또한 다양하고 복잡한 시나리오를 위한 합성 데이터 세트를 제작하여 실제 도로 주행으로 부족한 부분까지도 보완할 수 있다.

한국 스타트업 메타뷰MetaVu는 창원시의 국가산업단지를 3D 데이터로 모델링하여 디지털 트윈으로 구현하였고 안전과 환경문제 관리 및 모니터링, 스마트 팩토리 확산 등에 활용하려고 시도하고 있다. 버넥트Virnect도 3D 디지털 트윈 솔루션을 구축하여 산업현장을 실시간으로 모니터링하고 시뮬레이션하는 서비스를 제안하고 있다. 세계 공항 최초로 CES에 참가한 인천공항공사의 경우, 미래 공항을 테마로 출발에서 탑승까지 공항 여객 서비스 전체 여정과 증강현실 실내 내비게이션, 디지털 트윈 기반의 인천공항 가상현실 체험 서비스, 3차원 항공교통 관제 시스템 및 자율주행 체험 프로그램을 선보였다.

이렇게 현실 세계를 디지털로 변환하고, 시뮬레이션을 거친 뒤 이를 다시 현실 세계에 더 효율적이고 스마트하게 적용하는 선순환의 구조를 만들어내는 것이 바로 디지털 트윈이 추구하는 목표이다. CES 2023에서는 이제 막 개화하기 시작한 디지털 트윈 분야의 가능성을 목도할 수 있었다.

CES가 열리는 라스베이거스 컨벤션센터, 스트립거리, 호텔들이 디지털 트윈으로 구현되어 스마트폰 네비게이션으로 전시장을 찾아다니며 관람하게 될 날이 머지않았다는 생각이 들었다.

9. 미디어 산업의 화두로 떠오른 메타버스 기반의 크리에이터 이코노미

2010년 이후 다양한 스트리밍 플랫폼을 중심으로 등장한 크리에이터들은 패러다임을 변화시키며 기존 콘텐츠 생태계를 와해시켰다. 기존의 미디어 문법은 유튜브와 틱톡이 대체하고 있는 듯 보인다. 크리에이터들이 창출한 미디어 시장, 즉 크리에이터 이코노미는 튼튼하게 뿌리 내린 메가 트렌드로 거듭났다. 대중들이 단순히 공급자의 콘텐츠를 소비하는 것을 넘어 콘텐츠 생산과 유통에 뛰어드는 것은 대수롭지 않은 일이 되었다. 콘텐츠의 공급과 소비 패턴 또한 동시에 다각화되었다. 유튜버나 틱톡커들의 콘텐츠가 기존 미디어 산업에서 제작한 콘텐츠보다 더 큰 파장을 불러 일으키는 상황이 빈번해졌다.

메타버스 영역에도 크리에이터 이코노미가 침투하고 있다. 제페토나 로블록스의 아바타를 활용한 드라마, VR챗에서 만들어진 상황극 혹은 예능 포맷의 콘텐츠들이 크리에이터 플랫폼을 통해 유통되고 있는 것이다. 이와 같은 콘텐츠들은 실제 눈의 움직임이나 표정을 감지할 수 있는 가상현실 헤드셋이나 완전 모션 트래킹 센서 모듈과 같은 기술을 통해 점차 더 정교하고 자연스러운 연출을 구현해낼 것으로 보인다.

NFT를 이용하여 새로운 비즈니스모델을 도모하려는 많은 미디어기업들의 동향은 크리에이터들에게도 큰 기회 요소가 되고 있다. NFT로 콘텐츠의 고유성과 소유권을 분명히 할 수 있게 되면서 강력한 인센티브 체제가 구축되고 있기 때문이다. 구체적인 경제적 가치와 기술적 완성도를 검증하려면 여전히 긴 시간이 필요하지만 디지털 미디어 기반의 크리에이터 이코노미의 잠재력이 크다는 사실은 분명해 보인다.

10. 다양한 기술과의 융합으로 확장되고 있는 메타버스

AR·VR·MR·디지털 트윈·메타휴먼 등 다양한 기술들이 메타버스와 결합하여 가치를 창출하고 있다. 곳곳에서 이 기술의 발전과 효용 가치를 발견하며 메타버스라는 조류가 어디로 어떻게 흘러가는지 상상하고 고민한다. 그리고 또 새로운 기술들이 메타버스를 만나 그 경계와 영역을 확장시키고 있다. CES 2023에서 살펴본 다양한 메타버스 기술들은 이 기술의 가늠할 수 없는 무궁무진한 가능성을 여실히 보여주었다.

센트럴홀 메타버스관의 가장 안쪽에서 만난 하이퍼비전HYPERVSN의 대형 홀로그램 디스플레이를 통해 광고·공연의 새로운 장이 열릴 수 있음을 실감했다. ASUS가 출시한 입체디스플레이 랩탑 스페이셜 비전 프로아트 스튜디오북Spatial Vision ProArt studiobook은 입체적이고 깊이 있는 상호작용을 통해 교육·경험 콘텐츠에 새로운 가능성을 불어넣었다.

다양한 웨어러블 디바이스들은 기계의 힘으로 한계를 뛰어넘어 일상의 여러 문제를 극복할 인류의 미래를 상상하게 한다. 지스페이스zSpace와 같은 공간 기반의 인터페이스는 미래의 우리가 기존의 현실 세계와 가상공간에서 확장된 새로운 차원에서 삶을 영위할 것이라는 기대를 품게 한다. 홀로라이드Holoride는 레트로핏 키트Retrofit Kit로 차내 VR 경험을 제공하여 자동차를 테마파크로 탈바꿈시키고 있다. 우리가 미래에 경험하게 될 시간과 공간은 한 가지 표현으로 쉽게 정의할 수 없는 다차원의 가능성으로 열리게 될 것이다.

미래의 대항해시대를 여는 새로운 지평

CES 2023은 많은 질문을 남기고 그 막을 내렸다. 코로나19 팬데믹 이후 불확실한 미래와 급격한 사회 변화를 맞닥뜨린 산업계는 협력과 기술의 힘으로 솔루션을 제시하겠다는 어젠다를 제시했다. 솔루션으로서 메타버스와 웹 3.0이 그리는 청사진은 여전히 불분명한 것이 사실이다. 하지만 CES 전시장 곳곳에서 만난 업계 인사들의 말과 표정 속에는 위기보다 기회에 대한 희망과 의욕을 엿볼 수 있었다.

메타버스 트렌드를 통해 시간과 공간, 재원과 자원의 한계를 뛰어넘어 상상하는 모든 것들을 펼칠 수 있는 미래가 성큼 다가오고 있음을 확신할 수 있었다. 경제의 모든 지표가 불황을 나타내고 있는 지금, 모든 것이 위축되고 성장과 혁신은 멈춘 것처럼 느껴지지만 실상은 축이 뒤틀리면서 산업의 거대한 판이 급격하게 움직이고 있다는 사실을 인지해야 한다. 메타버스라는 가상공간은 미래의 대항해시대를 열어제칠 새로운 지평이자 거대한 기회라고 할 수 있다. 이제 우리는 또 다시 새로운 시대를 위해 도전해야 한다.

PART 5

라이프 테크

:

가까운 미래,
떠오르는
유망한 기술은
따로 있다

이용덕

30여 년 동안 세계적인 IT·반도체기업에서 근무하며 혁신과 성장을 주도했다. AI, 자율주행, 빅데이터, 딥러닝 분야의 반도체 시장을 주도하는 엔비디아의 한국 지사장으로 13년간 재직했으며 세계 3대 반도체 팹리스 기업 브로드컴, 반도체기업 레저리티의 초대 한국 지사장을 지내기도 했다. 현재 글로벌 스타트업 엑셀러레이터 드림앤퓨처랩스 대표, AI, 클라우드 SW·HW 전문기업인 바로AI CEO, 서강대학교 아트앤테크놀로지학과 교수이다.

○　　　"숟가락 테크놀로지를 들어보셨나요?"

테이스트부스터스^{Taste Boosters}가 개발한 스푼테크^{SpoonTEK}는 숟가락에 전극을 달아 미세한 전기로 혀의 감각을 자극해 음식의 풍미를 높이고, 뒷맛까지 개운하게 개선하도록 돕는다. 특히 설탕과 소금을 조금만 넣어도 달고 짜게 느끼게 만들어 저칼로리 식단을 가능하게 하고, 건강과 다이어트에 도움을 준다. 식기류 최초로 전기자극과 혀의 감각을 결합한 이온 감각 기술^{Ion Sensory Technology}을 발명하였다.

팬데믹은 이제 더 언급할 필요도 없다. 적어도 혁신에서만큼은. 팬데믹은 여전히 현재진행형일지도 모르지만, 기술의 발전과 확산에는 걸림돌이 되지 못했다. 오히려 엑셀러레이터 역할을 톡톡히 했다. 팬데믹 이후 3년 만에 처음으로 사람들에게 완전히 개방된 CES 2023에서는 많은 혁신적인 기술들을 도전적으로 뽑냈다. 이를 증명이라도 하듯 CES 56년 역사상 가장 많은 수인 2,100개 이상의 제품이 혁신상 부분에 출품되었고 그중 434개 사, 609개 제품이 혁신상에 선정되었다. 한국 기업은 역대 최고의 성적을 냈다. 선정된 434개 사 중 국내기업은 30.9%인 134개 사 그리고 제품으로는 29.7%인 181개 제품이 혁신상을 받았다. 특히 수상기업 134개 사 중 82.8%인 111개 사가 벤처 및 스타트업이었다고 하니, 가히 놀라운 약진이라 할 수 있다.

전 세계에서 1,300개 사 이상의 스타트업이 창의적인 기술을 들고 CES가 열리는 라스베이거스로 향했다. 그리고 그들은 CES 전시장 중 하나인 베네

테이스트부스터스의 스푼테크 (출처: 테이스트부스터스)

시안엑스포 유레카관에 자리를 잡고 기술의 내일을 보여주기 위해 뜨거운 열정을 내뿜었다.

팬데믹으로 인해 라이프스타일의 변화가 급물살을 타고, 기술은 그 변화의 모든 곳에 융합되어 '뉴테크놀로지'들을 만들었다. ESG 분야는 지속가능성 테크, 기후 테크, 그린 테크, 배터리 테크, 푸드 테크 등으로 라이프스타일 분야는 슬립 테크, 스포츠 테크, 펫 테크, 키즈 테크, 뷰티 테크, 다이어트 테크 등으로 세분화되고 확장되었다. 이 장에서는 우리의 삶과 가장 밀접하며 중요한 역할을 맡고 미래의 시장성 또한 큰 테크들을 중점적으로 다루었다.

반려동물의
수명과 삶의 질을
높이는
펫 테크

◉　　　전 세계적으로 반려견은 4억 7,100만 마리, 반려묘는 3억 7,000만 마리, 도합 8억 4,100만 마리에 달한다. 세계 인구가 80억 명임을 감안하면 반려동물의 수는 세계 인구의 약 10%에 육박하고, 세계 가정의 33%가 반려동물과 함께 살고 있다. 특히 최소 3,700만 명의 밀레니얼세대가 반려동물을 키우며 이는 밀레니얼세대 중 76%에 해당한다.

한국은 총 638만 가구, 약 1,500만 명이 860만 마리의 반려동물을 키운다. 반려견은 602만 마리, 반려묘는 258만 마리다. 이제 반려동물은 가족 구성원이라 칭하기 전혀 모자라지 않는다. 특히 MZ세대에게는 더더욱 그렇다. 이들은 동시에 테크 산업의 얼리어답터이기 때문에 펫 테크 시장은 더욱 크게 성장할 것임을 예견할 수 있다.

물론 아직 미흡한 부분도 많다. 반려동물 보험에 가입한 미국인은 고작 2%에 불과하다고 한다. 수명이 길어지면 질수록 질병·부상·사고 등의 이유로 반려동물의 의료비용은 증가할 것이며 이를 기술로 해결해 나가기 위한 펫 헬스 테크가 이번 CES 2023의 주요 화두 중 하나였다. 재미있는 상상을 해본다. 얼마 지나지 않아 토스나 카카오가 펫 헬스 테크 기업과 협업하여 토스 펫 보험, 카카오 펫 보험이 등장하지 않을까?

국내 스타트업 티티케어^{TTCare}는 AI 기반 반려동물 건강관리 앱을 출품해 CES 2023 혁신상을 받았다. 강아지나 고양이의 사진을 찍으면 AI가 이미지를 분석하고 눈·피부·관절 등의 상태 및 질병 여부를 알려준다. 걷는 모습이 촬영된 영상을 분석하여 관절 이상 여부를 판단하기도 한다. 이렇

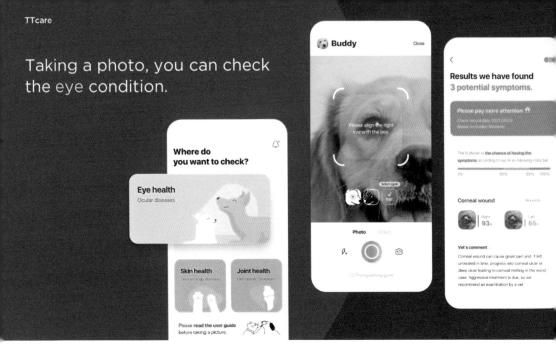

티티케어 건강관리 앱 (출처: 티티케어)

게 AI 분석을 통해 반려동물의 건강에 이상 징후가 있는 경우, 수의사·훈
련사·영양사와의 비대면 상담을 통해 후속 조치를 취할 수 있다. 이러한
사전 예방과 조기 치료로 반려동물의 수명을 연장하고 삶의 질을 높일 수
있다.

한국의 스타트업 케어식스^{Caresix}는 반려견을 위한 웨어러블 기술로 CES
2023에서 혁신상을 2개나 받았다. 코톤스 센스 1^{Cotons Sense 1} 모델은 반려
견의 정확한 건강상태를 파악하여 주인과 수의사에게 정보를 전달하는 스
마트 반려견 목걸이다. 목걸이에 내장된 소형 다중 센서로 반려견의 생체
신호를 모니터링하고 추적한 뒤, AI 알고리즘으로 해당 데이터를 분석하
여 이상을 감지하고 잠재적인 질병을 조기 경고한다. 또 다른 모델 코톤스
센스 1 프로 2^{Cotons Sense 1 Pro 2}는 7세 이후 반려견에게 가장 흔하게 나타나

라이프 테크 : 가까운 미래, 떠오르는 유망한 기술은 따로 있다

인복시아 스마트 반려견 목걸이 (출처: 인복시아)

는 질병인 심장질환을 감지한다. AI 알고리즘을 통한 데이터 모니터링, 기록 및 분석을 통해 이상을 감지하고 심장질환의 조기 징후를 식별, 시의적절한 치료와 조기 개입을 통해 반려견의 수명을 연장할 수 있다.

인복시아Invoxia는 스마트 반려견 목걸이와 앱을 선보였다. 센서 융합과 AI 기술로 자체적으로 만든 하트프린트 테크놀로지Heartprint Technology를 적용해 반려견의 심장박동과 식욕, 수면 상태를 측정해 건강 이상을 감지한다. GPS 기능으로 위치추적도 가능해 실종을 방지한다. 왜그즈Wagz 역시 건강관리와 위치추적이 가능한 스마트 반려견 목걸이 왜그즈 프리덤Wagz Freedom을 선보였다.

위스커Whisker의 리터로봇Litter Robot은 고양이를 위한 자동 청소식 변기 로봇이다. 고양이가 로봇 안에서 대소변을 보면 자동으로 배뇨물을 처리해

위스커 리터로봇 [출처: 위스커]

준다. 이런 자동화 과정은 고양이의 대소변 주기, 양, 몸무게 등에 대한 데이터를 축적함으로써 고양이의 건강상태를 파악할 수 있도록 한다. 로봇 한 대당 4마리까지 사용할 수 있고 와이파이로 연결돼 스마트폰으로 실시간 확인이 가능하다. 그리고 반려동물이 건강한 식습관을 들일 수 있게 돕는 자동 급식 로봇은 앱에서 식사 시간과 양을 조정할 수 있고 식습관을 지속적으로 점검해 반려동물의 건강상태를 확인할 수 있다. 실수로라도 반려동물의 식사를 놓치지 않을 수 있다는 것이 큰 장점이기도 하다. 요피Yopi의 요미Yomy 로봇 역시 모바일 앱으로 고양이의 맞춤형 식사를 돕는 스마트 푸드 디스펜서이다.

재미있는 아이디어로 만든 버드버디bird buddy의 스마트 조류鳥類 급식기, 스마트 버드 피더Smart Bird Feeder는 새와 인간이 더욱 긴밀하고 친화적인 관계를 조성하게 돕는다. 새집에 설치된 고해상도 카메라는 모이를 먹거나 물을 마시러 오는 새를 촬영한다. AI로 1,000종 이상의 조류가 학습된 알고리즘은 촬영된 조류에 관한 정보를 스마트폰 앱에 실시간으로 제공한

라이프 테크 : 가까운 미래, 떠오르는 유망한 기술은 따로 있다

버드버디의 스마트 버드 피더 (출처: 버드버디)

다. 조류 개체군의 데이터베이스와 조류의 이동 경로 등을 확보하여 조류의 보호 및 관찰 등에 활용할 수도 있다. 작은 새집에 설치한 고해상도 카메라를 통해 새가 도착하자마자 종을 인식하고 인앤학습 경험을 통해 조류의 생태계 및 보호까지 가능하게 하는 이 기술은 ESG와 지속가능성이 강조되는 이 시대에 필요한 대표적인 기술로 손꼽을 수 있다.

코골이 방지부터
건강지표
보고서까지,
슬립 테크

◉   현대인의 가장 중요한 행위 중 하나는 수면일 것이다. '잠이 보약'이라는 말처럼, 충분한 수면은 온종일 활동한 뇌를 비롯한 전신의 스트레스 감소, 면역기능 향상, 혈압 조절을 돕는다. 이처럼 수면은 우리 뇌의 정상적인 기능 및 활동에 가장 중요한 요소 중 하나이며 이는 정신적·신체적 건강과 밀접하게 관련 있다. 수면 부족은 정신건강 상태에 영향을 미쳐 우울증이나 불안을 유발하기도 하고, 스트레스 호르몬과 변화된 신경 내분비 반응이 인지와 기분에 영향을 미쳐 신체적 불편함까지 유발한다. 2015년 경부터 좋은 수면Good Sleep을 위한 슬립 테크가 서서히 부상하기 시작해서 이제는 우리의 라이프스타일에 가장 필요한 기술의 하나가 되었다.

      국내 스타트업 앤씰Anssil은 슬립 테크 전문 플랫폼 스타트업이다. 2022년과 2023년 연속으로 CES 혁신상을 수상한 슬립인바디 매트리스Sleep in body mattress를 개발했다. 이 매트리스는 수면 패턴과 관련된 신체 및 수면 데이터를 수집해 사용자에게 최적의 수면 환경을 제공한다. 앤씰의 스마트 스트링 매트리스Smart string mattress는 세계에서 유일하게 1,400만 개의 고강력 저수축사로 만들어 온몸을 미세하게 받쳐주며 최적의 체중 분산으로 편안한 쿠션감을 제공한다. 또한 IoT 수면 센서를 장착해 스트링 지지대와 체압 센서의 조합으로 사용자의 수면 중 가해지는 압력을 측정하고, AI 서버에서 딥러닝 기술로 수면패턴을 실시간으로 학습·분석하여 사용자의 수면 자세에 맞는 최적의 매트리스 경도를 실시간으로 자동 제어한다. 또 원적외선 스킨케어 기능을 추가해 수면 중 최적의 체온을 유지하게 돕는다.

앤씰 슬립인바디 매트리스 (출처: 앤씰)

앤씰은 스타트업임에도 불구하고 ESG 경영을 모토로 기존의 스프링 매트리스와 달리 제조 과정에서 화학 약품을 사용하지 않아 친환경인증을 받았다. 또한 매트리스에 100% 재활용 자재를 사용하고 매트리스 생산에 낭비되는 자원의 85%를 감축해 탄소 배출량 감소에도 힘쓰고 있다.

텐마인즈[10minds]는 코골이 방지 AI 베개 모션필로우[Motion Pillow]로 CES 2023 혁신상을 받았다. 코골이의 위험성을 잘 몰라 방치하는 경우가 많은데, 코골이는 제때 치료하지 않으면 주간졸림증·만성피로 등이 발생하고 심각한 경우 심혈관계 질환, 당뇨병, 치매, 고혈압 등의 질병을 일으킬 수 있다. AI 시스템이 장착된 코골이 방지 시스템 모션필로우는 8년간의 연구개발로 약 130여 가지의 코골이 원인을 사전에 해결해 제품의 완성도를 높였다. 그 결과 국내 유수의 수면 연구소와 진행한 임상시험에서 시험 참

텐마인즈 모션필로우 (출처: 텐마인즈)

가자 중 93.7%가 코골이 감소 효과를 보았고, 그중 평균 44.4%의 코골이 증상이 경감되어 그 수월성과 유효성을 입증했다.

모션필로우는 특수 설계된 4개의 에어백, 사용자의 코골이를 분석하여 에어백을 동작시키는 AI 모션 시스템, 코골이를 수신하는 음향 센서, 머리의 위치를 감지하는 압력 센서, 수면 데이터 관리 앱 등으로 구성되어 있다. 또 수면 중에 발생하는 다양한 소음에서 사용자의 코골이 소리만을 정확히 구분해 사용자가 코를 골면 코골이 소리와 머리 위치를 파악한다. 이후 베개에 내장된 4개의 에어백 중 머리가 위치한 에어백을 천천히 부풀려, 수면을 방해하지 않으면서 머리를 부드럽게 회전시킨다. 이로써 기도 공간을 확보해 코골이를 완화한다.

또한, 모션 시스템의 AI 알고리즘은 사용자의 코골이를 학습해 숙면을

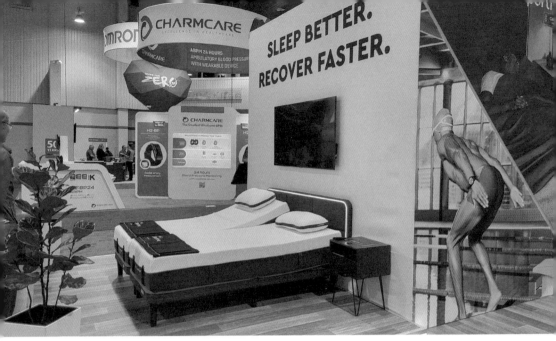

에르고모션 에르고스포티브 (출처: 이용덕)

방해하는 코골이 순간을 포착·작동하고 수면 압력 모니터링 시스템은 압력 센서를 통해 머리의 위치를 정확하게 감지한다. 모션 시스템에 수집된 코골이 데이터는 블루투스를 통해 수면 데이터 관리 전용 앱으로 전송되며, 사용자는 녹음된 본인의 코골이 소리, 자신의 수면 습관 및 상태를 앱으로 확인해 에어백의 높이, 수면 시간 자동 설정으로 스스로 수면 환경을 개선할 수 있다.

에르고모션Ergo Motion의 에르고스포티브ErgoSportive 침대는 운동과 피트니스 등 활동성에 중점을 둔 라이프스타일을 위한 완벽한 수면 및 회복 시스템으로, CES 2023 혁신상을 수상했다. 비접촉식 생체인식 센서는 미세 진동을 감지하여 심박수·호흡·움직임을 측정하고 편안한 자세를 만들어주는 원터치 무중력Zero-G 모드를 제공하여 순환을 촉진하고 호흡을 개선하며

이어러블뉴로사이언스 프랜즈브레인밴드 (출처: 이어러블뉴로사이언스)

진동 모터 마사지로 스트레스를 풀어준다. 완벽한 수면을 위해 조정 가능한 스마트 침대, 통합 앱 구동 및 디밍dimming이 가능한 LED 조명 기술과 코골이 방지, 이완 모드, 침대 밑 USB 포트 및 플렉스와 같은 고급 기능이 있다. 스마트폰 앱에서는 수면 및 건강지표를 보고하고 회복 솔루션을 제공한다. 또한 에르고스포티브를 웨어러블 디바이스인 가민Garmin 계정에 연결하면 건강, 피트니스, 회복 솔루션을 제공받을 수 있다.

창업한 지 3년밖에 안 된 국내 슬립 테크 스타트업 에이슬립Asleep은 독보적인 AI 기반 수면 진단 기술로 개인의 수면 상태에 따른 생태계 구축 플랫폼 기술을 선보였다. 이 수면 진단 기술의 가장 큰 특징은 따로 웨어러블 기기가 없어도 스마트폰이나 스마트 TV, 스피커 등 마이크가 설치된 기기만 있으면 어떤 환경에서든 수면 단계를 측정할 수 있다는 점이다. 에이

던하우스 부스 [출처: 이용덕]

슬립은 우수한 생체 데이터 판독 AI 기술로 세계 유수의 수면 센터와 제휴하여 데이터 네트워크를 구축했다. 호흡음, 뇌파 등의 생체 데이터가 포함된 3만 8,328시간의 수면 라벨 데이터로 학습한 솔루션으로 자체 AI 기술 슬립트랙 API^{Sleeptrack API}를 만들어 개인의 수면 품질 측정은 물론 다양한 IT·가전기업의 제품과 서비스를 연결하고자 한다. 에이슬립은 이번 전시에서 강조했던 "Dream your Next Business with Asleep"이라는 슬로건에 걸맞게 글로벌 수면 시장 확장에 박차를 가할 것으로 기대된다.

이어러블뉴로사이언스^{Earable·Neuroscience}는 골전도 스피커로 뇌 활동을 추적하고 자극하여 더 나은 수면과 집중 및 이완을 촉진할 수 있는 세계 최초의 수면 기술 웨어러블 디바이스, 프랜즈브레인밴드^{Frenz™Brainband}로 CES 2023 혁신상을 수상했다. 프랜즈브레인밴드는 숙면을 유도하기 위해 실시간으로 사용자의 뇌 상태를 읽고 AI 알고리즘이 임상을 거친 인지행동 치료음이나 안정음을 선별하여 들려준다. 또한 업무 시 집중도를 점검해 적절한 오디오 콘텐츠를 재생하여 집중력을 높여준다. 심박수, 혈중 산소포화도, 뇌의 활동 상태 등을 지속적으로 모니터링할 수도 있다. 총 8년간 머신러닝 알고리즘, 재료과학, 전기공학을 총동원한 연구개발 끝에 8개의 글로벌 혁신상과 15개의 특허를 출원했고, 곧 450달러의 가격으로 시장에 출시할 예정이다.

노인들을 위한 슬립 테크 침대로 CES 2023 혁신상을 수상한 던하우스 Dawn House는 침대 아래 모션 조명, 조절 가능한 높이, 지원 레일 옵션, 일어나서 깨우기 등 여러 기능을 페어링해 노인들이 집에서 안전하게 머물 수 있는 통합 수면 시스템을 구축했다. 또 코골이 방지 설정, 무중력 포지셔닝, 수면의 질, 심박수, 심박 변이도, 호흡 측정 센서 등을 제공한다. 수면 시스템 앱은 베이스의 센서와 함께 작동하여 공유할 수 있는 건강지표 보고서를 일별, 주별, 월별 및 연간 단위로 제공한다.

정밀하게
맞춤화된
푸드 테크

○　　　　라스베이거스 컨벤션센터 센트럴 광장의 푸드트럭 앞에는 많은 사람이 모여 있었다. 그들은 SK가 투자한 미국 푸드 테크 스타트업 퍼펙트데이Perfect Day가 대체 우유로 만든 빙수와 비건 치즈를 먹고 있었다. 옆의 설명서에는 "발효기술로 유청단백질을 만든 무동물성 우유"라고 쓰여 있었다. 실제로 맛을 보니 우유와 무척 흡사했고, 비스킷 아이스크림은 취향에 맞을 정도로 훌륭했다. 현재 퍼펙트데이를 비롯해 약 15개의 기업이 정밀 발효 과학을 활용한 대체식품을 연구 중이라고 한다. 푸드 테크의 필요성은 늘 강조되었다. 세계 인구가 80억을 넘어섰는데 그중 5억 명이 기아에 노출되어 있다. 또 지구온난화 및 온실가스의 급증으로 식량 생산량은

SK가 투자한 푸드 테크 스타트업 퍼펙트데이의 푸드트럭 (출처: 이용덕)

줄고 있고, 또 식량 생산에 필요한 이산화탄소 배출량은 전 세계 물류 및 운송 산업이 발생시키는 이산화탄소 배출량과 비슷하다. 푸드 테크는 바로 이 문제를 해결하기 위한 중요한 대안책이며 인류가 더욱 풍요로운 삶을 누릴 수 있게 해줄 기술이다.

이러한 이유로 지난 몇 년 사이 가장 많은 기술혁신이 일어난 분야 중 하나가 푸드 테크다. CES 2022에서는 주방 및 서빙 로봇, 대체육 등에 포커스가 맞춰졌었는데, 이번 CES 2023에서는 거의 모든 분야에 AI 기술을 탑재한 플랫폼, IoT, 로봇, 대체 푸드 등이 등장해 더욱 다양한 제품을 만날 수 있었다. 그중 주목할 만한 기술들을 살펴보도록 한다.

원써드OneThird의 과일 및 야채 저장 예측 스캐너는 농산물의 유통기한을 예측할 수 있는 기기이다. 휴대용 광학 스캐너, 자체 개발한 디지털 트윈 데이터베이스 및 AI 알고리즘으로 신선 농산물의 낭비를 40%나 줄일

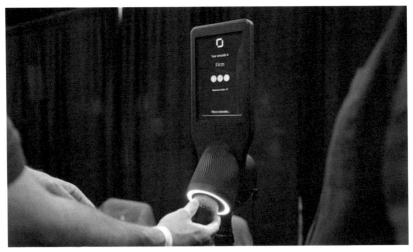

원써드 과일 저장 예측 스캐너 (출처: 원써드)

라이프 테크 : 가까운 미래, 떠오르는 유망한 기술은 따로 있다

수 있다. 농장에서 식탁에 이르기까지 각 단계에서 사용되는 이 스캐너는 과일과 채소의 품질을 평가함으로써 농산물이 가장 신선할 때 소비자에게 전달될 수 있도록 하며, 신선도가 낮아 버려지는 농산물의 25%를 줄일 수 있다. 또한 이에 필요한 인건비 또한 50%가량 절감할 것으로 보인다. 이 기술은 지속가능한 농업에 크게 기여하고, 궁극적으로 소비자 만족도를 높일 수 있을 것으로 기대된다.

　라이즈가든Rise Garden은 수경재배 시스템을 통해 집 크기와 무관하게 1년 내내 식물을 재배하는 기술로 CES 2023 혁신상을 수상했다. 앱으로 제어가 가능하며 스마트 수경재배 기술의 특징인 자가 급수 및 자가 비료 주입이 가능하다. 앱으로 영양분과 물을 추가할 시기를 정확히 알 수 있고 조명을 관리하고 진행 상황을 추적할 수 있으며 수확시기도 알려준다. 고유한 모듈식 설계로 성장의 정도를 조절할 수 있고 채소와 허브에서 토마토, 사

라이즈가든 수경재배 시스템 [출처: 라이즈가든]

탕무에 이르기까지 약 108가지의 채소를 동시에 재배할 수 있다. 이는 세계 최초로 실현한 기술이라고 한다.

유베라^{Uvera}의 음식 저장 용기 오로라^{Aurora}는 특허 출원 중인 스마트 AIoT 장치로 화학 물질을 전혀 사용하지 않고 단 30초 이내에 신선 식품의 유통기한을 최대 97%까지 늘릴 수 있다. 오로라는 가정의 식품 재고를 추적하고, 저장된 재료의 부패 시기를 예측하고, 부패 시기 근접 알림을 보내는 AI 기반 앱과 함께 제공된다. 유베라는 2030년까지 음식물 쓰레기를 50% 줄이려는 목표로, 소비자와 소매 기업들의 환경 인식을 높이고 지속 가능성을 확산하는 데 힘쓰고 있다.

심플랩스^{Simple Labs}의 코그니^{Cogni}는 배럴에서 숙성 중인 와인의 중요한 성분을 지속 측정하는 다중 센서 어레이로 특허를 받았다. 또 완벽한 와인 한 잔을 만들기 위한 코그니 와인 배럴 모니터 플랫폼은 센서 어레이와 함께 CES 2023 혁신상을 수상했다. 와인 공정을 단순화하는 이 통합 배럴 숙성 시스템은 온도·습도·아세트산·pH 및 기타 와인 제조의 중요한 요소들을 상시 추적하며 이상이 감지될 경우 스마트폰 등으로 사용자에게 경고를 알린다. 코그니 시스템으로 언제 어디서나 와인 제조 과정에서 발생할 수 있는 문제를 사전에 감지할 수 있다.

CES 2023 최고혁신상을 받은 TBDX의 커피캡슐머신 엑스블룸^{xBloom}은 세계 최초로 전문적인 바리스타 수준의 커피 추출 능력을 구현했다. 엑스블룸 커피캡슐머신은 엔지니어링, 디자인 및 커피 맛의 완벽한 조화를 이루어 냈다. 자동 분쇄도 조정, 솔리드 스테이트 주입 시스템, 스마트 캡슐 도크와 같은 IoT 연결 특허 기술로 가득 차 있다. 로스터는 캡슐에 완전 퇴비화가 가능한 RFID 칩을 설치하고 레시피를 인코딩하여 모든 컵에 완벽

TBDX의 엑스블룸 커피캡슐머신 (출처: TBDX)

한 분쇄도, 온도 및 추출 비율을 제공한다. 사용자는 다양한 레시피를 실험할 수 있으며 좋아하는 로스터의 커피를 집에서도 원터치로 즐길 수 있다.

한국 스타트업 최초로 멸균팩을 사용한 푸드 테크 스타트업 널담Nuldam은 동물성 우유를 대체할 식물성 우유를 이번 CES 2023에서 발표했다. 복합 견과를 사용하여 우유와 가장 유사한 물성과 풍미를 구현하고, 150도 이상에서 멸균 처리를 거치면서도 갈변 현상이 없도록 제품을 설계했다. 식물성 우유 최초로 흰색과 우유 향을 첨가했고 맛 또한 일본 협력 기업과 공동연구를 통해 내열성 향료로 우유 맛을 구현했다. 또한 바리스타용 비건유를 개량하고 이를 바탕으로 식물성 버터와 치즈까지 개발했다. 발효·비발효 연구를 통해 다양한 타입의 버터와 크림치즈를 개발했다. 트랜스지방을 비롯한 불필요 성분은 전혀 첨가하지 않은 순 식물성 치즈는 추후 여러 종류의 비건 치즈로, 버터는 베이킹용·조리용·스프레드용 등 용도별로 상품군을 넓혀갈 예정이다.

바테시안^{Bartesian}의 바테시안 듀엣^{Bartesian Duet}은 온디맨드 방식의 완벽한 칵테일 캡슐을 사용하는 최초의 지능형 칵테일 메이커로 혁신상을 받았다. 폭이 25cm에 불과한 바테시안 듀엣은 주방 구석이나 바 카트에 편안하게 놓고 프리미엄 칵테일 라운지를 연출할 수 있다. 삽입된 각 캡슐의 바코드를 읽고 이에 따라 기계의 설정값만 바꾸면 집에서도 손쉽게 칵테일을 즐길 수 있다.

톱테이블^{Top Table}의 푸디안^{Foodian}은 개인 맞춤형 영양 디저트를 생산하도록 설계된 3D 푸드 프린팅 시스템으로 CES 2023 혁신상을 수상했다. 맞춤형 영양제에 대한 대중의 수요는 기하급수적으로 증가했지만, 기존의 대량생산 방식으로 개별 케어를 제공하기에는 역부족이었다. 이 문제를 해결하기 위해 푸디안은 재료를 디지털 방식으로 보정하여 정밀하게 맞춤화된 식품 및 의약품을 만들 수 있게 되었다. 푸디안은 유아·노약자·반려동물 등을 위한 쿠키·젤리·좌약 등 다양한 맞춤형 제품을 제공한다.

바테시안 듀엣 칵테일 시스템 (출처: 바테시안)

톱테이블 3D 프린팅 푸디안 (출처: 톱테이블)

라이프 테크는
혁신의 출발

◉　　　CES 2023 혁신상을 받은 큐링이노스^{Curinginnos}의 테니스 트레이닝 파트너 로봇 아이볼브^{iVOLVE}는 AI, 컴퓨터비전 등의 기술을 접목해 실제 테니스 선수처럼 움직이고 경쟁하는 테니스 파트너 로봇이다. 사용자에게 체계적이고 현실적인 훈련 프로그램을 제공하여 혼자서도 충분히 테니스를 즐길 수 있게 돕는다.

아이퍼컷^{I-Percut}의 아이퍼스킨^{I-Perskin}은 최초의 커넥티드 IoT 펀치백 슬립 커버로, 기존 펀치백에 아주 간단히 설치하여 대화형 백으로 변환할 수 있다. 아이퍼컷 앱으로 사용자의 훈련을 안내하고 반응성·강도·속도·적중 횟수 등을 측정하며 그 수준에 맞는 목표와 훈련 코스를 제공해 실력을 향상시킬 수 있다. CES 2023 혁신상을 받았다.

소마토^{Somato}의 소마토는 커넥티드 홈 필라테스 리포머이자 디지털 코칭 시스템으로 CES 2023 혁신상을 수상했다. 소마토는 심미적·실용적인 차원에서 필라테스 리포머를 재설계하여 보다 거실 친화적으로 만들었을 뿐만 아니라, 원격 수업을 완전히 재설계하여 홈피트니스를 재창조하였다. 끝없는 콘텐츠 라이브러리를 스크롤하는 대신 디지털 코치인 소마토 코치^{Somato Coach}는 각 사용자를 위한 맞춤형 클래스를 구축하여 프로 운동선수이든 피트니스 세계에 처음 입문하는 사람이든 상관없이 맞춤형 운동과 장기 피트니스 계획을 제안하고 있다.

지금까지 언급한 스포츠 테크의 공통된 특징은 AIoT 디바이스와 모니터링 플랫폼을 결합한 시스템이라는 점이다. 한편으로는 이 기술의 난이도가 높지 않아서 시시하다고 판단할 수도 있다. 하지만 분명한 것은 기술의 수준을 떠나 아이디어 그 자체가 중요하다는 사실이다. 그리고 실현할 만한 적합한 기술Right Technology을 도입해 그 아이디어를 실현하고 검증하며 상품화했다는 점이다. 새롭게 도전하는 기술에는 어느 정도의 시험성과 도전성이 필요하다. 기존의 시장에 없던 기술이거나 기존의 제품의 문제점을 해결할 새로운 대안, 혹은 니치마켓의 요구를 충족하는 기술을 만들어야 하기 때문이다. 그래서 라이프 테크 분야는 대기업보다 스타트업 혹은 벤처기업의 제품이 많다.

여기에 언급하지는 않았지만, 개인용 에너지 테크Personalized Energy Tech를 한 예로 들 수 있다. 이 장치는 캠핑에 쓰이는 개인 휴대용 고밀도 고효율 태양광 패널로 전기에너지를 얻어 휴대용 에너지저장장치Energy Storge System, ESS에 저장한 뒤, 취사 및 조명 용도로 사용할 수 있다. 그리고 여기에 사용된 기술은 이미 널리 알려진 것들이다. 하지만 몇몇 기업들은 특화된 고효율의 전기를 생산할 수 있는 소형 그리고 휴대용 태양광 패널을 연구개발했다. 여기서 생산된 전기에너지를 저장할 수 있는 소형의 고효율 에너지저장장치와 이를 조정 및 관리할 앱을 만들어 캠핑용·가정비상용·야외 활동 및 행사용 에너지 시스템으로 개발했다. 이는 탄소배출을 줄이면서 자연으로부터 청정에너지를 얻는다는 ESG 철학에도 부합하는 좋은 예라 할 수 있다. 잭커리Jackery와 제네버스Geneverse가 솔라 제너레이터Solar Generator라는 기술로 200만 대 이상을 시장에 선보였다.

또 다른 아이디어와 기술의 융합의 예로 한국의 HHS가 만든 산업현장 근로자 안전 헬멧이 있다. 생체신호처리 안전관리 시스템Bio-signal Processing Safety Management System이라 칭하는데 근로자의 뇌파·맥박·혈압·체온 등을 헬멧 내부에 부착된 웨어러블 센서로 모니터링하여 사고를 예방하는 시스템이다.

　아르키메데스는 목욕탕에서 황금의 밀도를 측정할 아이디어를 얻으며 "유레카!"를 외쳤다. 베네시안엑스포 유레카관은 이러한 순간이 재현되기를 바라는 주최측의 의도가 반영된 전시관일 것이다. CES 2023에서 보았던 수많은 아이디어로 무장한 기술들을 다 언급하지 못한 아쉬움을 뒤로하며 독자들과 "혁신의 시작점은 어디일까?"라는 고민을 나누고 싶다.

PART 6

헬스 테크

:

병원의 확장,
치료의 일상화

장진규

UX 분야의 대표적인 구루. 12년 차 스타트업 투자자로 80여 개가 넘는 스타트업에 투자해왔다. 인간-컴퓨터 상호작용 및 인지과학 분야로 박사학위를 받았고 서울대학교, 차세대융합기술연구원을 거치며 동 분야 연구실장을 지냈다. 이후 연세대학교 인지과학연구소 교수로 재직 중 UX 분야의 전문성을 바탕에 둔 스타트업 투자사 겸 컴퍼니 빌더인 컴패노이드 랩스를 창업하여 의장으로 일하고 있다.

○   2022년 6월, 애플은 세계 개발자 회의^{Worldwide Developers Conference}에서 자사 제품에 적용될 새로운 버전의 운영체제^{Operating System, OS} 등 다양한 소프트웨어를 선보였다. 이 컨퍼런스를 통해 애플은 매년 아이폰의 iOS, 맥의 맥OS, 아이패드의 아이패드OS와 같이 제품군별로 차별화된 OS 전략을 가지고 새로운 사용자 경험^{User Experience, UX}에 대해 강조했다. 그리고 최근 들어 애플이 강조하는 또 다른 OS가 눈에 띄기 시작했다. 바로 '헬스케어' 기능이 주요한 애플워치에 사용되는 워치OS이다.

그간 애플워치는 애플이 다른 제품들에서 선보였던 압도적인 UX와 달리 사용자 측면에서 경험적 차별화가 유일하게 잘 드러나지 않았던 제품이었다. 그 결과 출시 초기부터 오랜 기간 삼성·핏빗^{Fitbit}·가민 등 다양한 스마트워치 기업들과 비교할 때 크게 비교우위를 점하지 못했다. 단지 자사의 타 제품들과 연동성이 강조된 기능들이 구매력을 높여주었을 뿐이다. 이처럼 애플워치는 애플 특유의 폐쇄적인 소프트웨어 생태계 전략으로 인해 아이폰 사용자들만의 관심을 모으는 데 머물렀다.

그러나 애플워치는 워치OS를 중심으로 2022년부터 디지털 헬스케어에 방점을 찍는 UX와 기능적 차별화를 도모하기 시작했다. 기존에 걸음 수를 확인하는 정도에 머물렀던 운동 애플리케이션은 보다 자세한 수치들과 세심한 알림을 제공하고, 수면 추적 기능도 보다 세분화된 분석 결과를 보여준다. 오랜 기간 준비한 것으로 알려진 심방세동 기록과 같은 기능은 FDA의 심사를 통과해 마침내 의료 분야에서의 활용 가능성을 높이는 사례로 주목

애플워치의 심방세동 트래킹 기술 [출처: 나인투파이브맥]

받고 있다.

코로나19 팬데믹 이후 건강에 대한 사람들의 관심이 폭발적으로 증가했다. 그러나 제품과 UX 혁신에서 역사적인 이정표를 남겨온 애플조차 아직은 디지털 헬스케어 분야에서 존재감을 높이는 데 어려움을 겪고 있다. 그럼에도 기존의 헬스케어나 IT 업계 모두 코로나19 팬데믹으로 새롭게 맞이한 디지털 헬스케어 분야에 대한 관심과 투자를 끊임없이 이어가고 있다. 특히 우리 일상에 초밀착된 검색엔진인 구글, 소셜미디어인 페이스북·트위터, 클라우드 서비스인 AWS는 디지털 헬스케어 서비스를 통해 사용자에게 일상화된 경험을 제공하고 있다. 앞으로 이들 중에서 어떤 기업이 주목받게 될까?

헬스 테크
트렌드

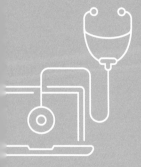

○　　　포스트 코로나가 본격적으로 논의된 2022년은 디지털 헬스케어 산업 분야에서도 큰 변화를 만들어냈다. 그간 많은 디지털 헬스케어 분야의 기업들은 의료인프라를 중심으로 한 혁신에 많은 투자를 하며 서비스화를 시도했다. 코로나19로 대표되는 전염병과 이에 대응하는 방역 시스템, 이로 인한 비대면 서비스들이 주목받았다. 원격 의료서비스로 주목받은 텔레닥**Teledoc**이나 비대면 홈트레이닝 솔루션 및 서비스를 제공하는 펠로톤**Peloton** 등은 이러한 관심으로 혜택을 받은 기업이자 동시에 포스트 코로나 시대를 맞아 패러다임 시프트를 해야 하는 기업들이다.

'헬스'에서 '케어'로 패러다임 시프트

디지털 헬스케어 분야가 비로소 '헬스'에서 '케어'로 패러다임 시프트를 맞이하고 있다. 본래 의료 인프라를 중심으로 한 디지털 헬스케어 분야의 혁신은 다양한 건강 관련 데이터를 수집하고 기록하는 것이 중요했다. 앞서 언급한 스마트워치로 대표되는 웨어러블 디바이스와 각종 부착형 기기들, 모바일 애플리케이션 기반의 사용자 자가 기록 등은 건강 상태를 분석하고, 이에 기반해 향후 진단, 치료까지 가능케 하는 형태로 발전하기를 기대했다.

그러나 이렇게 수집된 데이터나 사용자의 의지에 따라 기록된 데이터들이 실제 의료 인프라에서 활용되기 위해서는 훨씬 높은 정확도와 검증이 필요하다는 점을 지난 수년간의 연구와 시도를 통해 깨닫게 되었다. 또한 다양한 디지털 헬스케어 서비스들이 현장에서 비즈니스를 시도한 결과, 결국 사람들이 서비스에 대한 효용가치를 느끼지 못하면 아무리 좋은 효과를 제공하더라도 선택받기 어렵다는 것을 경험했다. 이러한 이유로 데이터수집·기록에서부터 출발하는 디지털 헬스케어 기업들이 '헬스'가 아닌 '케어' 쪽에 무게중심을 두고 있다.

임상에서 현장으로 발전하다

이번 CES 2023에서 특히 주목해야 할 점은 의료인프라를 기반으로 응용기술을 실제 현장에 적용한 것이다. 디지털 기술이 임상 레벨을 넘어 실제 현장에 적용되면서 치료 과정의 핵심 수단으로 보다 직접적인 역할을 하는 방향으로 진화했다. 지난 수년간의 투자로 개발된 시제품이 하나둘 현장으로 들어오면서 기술의 상용화와 비즈니스로서의 가치가 두드러진 모습이다.

특히 앞서 언급한 임상에서 현장으로의 적용에서 가장 눈여겨볼 만한 사례가 바로 애보트^{Abbott}의 척수신경자극$^{Spinal\ Cord\ Stimulation,\ SCS}$ 시스템이다. '척수자극기'라고도 불리는데, 사람이라면 누구나 두려워하는 몸의 통증을 완화해주는 의료기기이다. 뇌의 통증 완화 신호 패턴을 모방해 약한 전기신호를 방출함으로써 통증을 완화하는 것이 기본 원리이다. 현재 신경자극 분야에서 임상을 거쳐 상용화를 추진하고 있다.

애보트의 초기 SCS 시스템은 상용화가 멀어 보였으나 최근 체내 삽입형 SCS 또는 임플란트 SCS로 불리는 플렉스버스트360^{FlexBurst360}은 FDA의 허가를 받으며 이목을 모았다. CES 2022에서 기조연설로 화제를 모은 애보트는 임상 결과가 아닌 현장에 적용된 이 치료기기를 통해 통증을 겪고 있는 환자들이 병원이 아닌 일상에서 통증을 완화할 수 있는 길을 열었다.

특히 플렉스버스트360은 '헬스'에서 '케어'로의 전환 가능성을 잘 보여준다. 통증 케어는 기본적으로 의사의 처방에 의해 이루어지고, 환자가 자신의 통증에 대해 의료진과 상시로 소통하며 제어하기 어려운 측면이 있다. 케어라고는 하나 사실상 의사에 의한 즉각 시술이나 치료·상담 등으로만 가능했다. 더구나 2016년 FDA 허가로 현장에서 일부 사용되고 있는 애보트의 버스트DR^{BurstDR}은 한두 군데의 통증만 케어가 가능했다.

반면 플렉스버스트360은 여섯 군데의 통증 케어가 가능하다. 의료진이 환자의 상태에 따라 최소 자극 용량이나 부위를 설정할 수 있으며, 최장 10년의 배터리 타임과 편의성을 제공한다. 무엇보다 인상적인 점은 사용자, 즉 환자가 직접 통증 케어를 경험할 수 있도록 의료진과 원격으로 의사소통이 가능한 가상 클리닉인 뉴로스피어^{NeuroSphere}를 함께 사용할 수 있도록 연동했다는 것이다. 실제 신경외과 의사들은 플렉스버스트360이 시간에 따라 변하는 환자의 통증 강도 및 부위에 실시간으로 대응할 수 있게 해서 환자들의 삶의 질을 높일 것이라는 기대감을 나타냈다.

치료와 관리를 일상화하다

CES 2023에서 또 하나 주목해야 하는 점은 치료와 관리의 일상화이다. CES 2022에서 하드웨어가 아닌 소프트웨어 의료기기^{Software as Medical Device,}

2 COMBO

Puzzle of Intelliger
Cognitive Flexibility

이모티브의 어린이 ADHD 디지털 치료기기인 스타러커스 (출처: 이모티브)

SaMD가 처음 혁신상을 수상한 이래로 일상생활에서 활용 가능한 SaMD들이 많은 주목을 받았다. 기존의 SaMD 기술은 AI를 활용한 데이터분석 및 진단 보조 솔루션 등 의료 과정에서 도입 가능한 수준의 혁신이 다수였다. 그런데 CES 2023에서는 사용자가 일상에서 질병을 치료하거나 더 건강한 삶을 위해 훈련하도록 돕는 SaMD가 소개되었다.

대표적으로 한국의 스타트업인 이모티브eMotiv가 개발한 스타러커스Star Ruckus를 들 수 있다. 스타러커스는 어린이 ADHD 환자를 위한 디지털 치료기기Digital Therapeutics, DTx로, 주 사용자인 어린이의 지속적인 사용을 기대할 수 있도록 개발되었다. ADHD의 검사 및 치료 과성을 게임화하여 재미있게 즐기다 보면 자연스럽게 어린이의 지속 사용률을 높일 수 있다는 점이 인상적이다. 스타러커스와 같이 ADHD를 비롯해 인지행동치료 기술

산토리그룹이 개발한 거트노트 (출처: 산토리그룹)

을 활용한 SaMD가 늘고 있다는 점은 디지털 헬스케어의 SaMD가 병원의 의료 과정에만 적용되지 않는다는 것을 의미한다. 실제로 스타러커스는 ADHD를 치료하기 위해 인지평가·스크리닝·치료 기능이 모두 결합된 일상생활에서의 디지털 치료기기라는 점에서 혁신적이다.

일본의 주류기업인 산토리그룹Suntory Group의 국제혁신센터Global Innovation Center가 출시한 거트노트Gut Note 역시 혁신상을 받으며 주목받았다. 스마트폰을 배에 가져다 대어 장이 움직이는 소리를 녹음하면, 기기가 이를 분석해 사용자의 장 상태에 맞는 식단을 추천해준다. 핵심적인 기술이라 할 수 있는 신체 소리 분석 기술은 이미 여러 차원에서 시도되었지만, 일상에서 이러한 기술을 사용하도록 만들기 위해서는 사용자들이 체감할 수 있는 서비스로 고민하는 단계가 필수적이다. 따라서 거트노트는 분석 기술 자체도 중요하지만, 기술이 사람들에게 어떤 역할을 해야만 하는지에 대해서도 생각해볼 여지를 준다.

건강을 누리고 즐긴다

CES 2023에서는 사람들이 건강을 누리고 심지어는 즐기게 만드는 기술이 많이 소개되었다. 코로나19 팬데믹 이후 사람들은 건강하게 살기 위해서는 특별한 솔루션이 필요한 게 아니라 아주 기초적인 생활부터 챙겨야 한다는 것을 경험했다. 이러한 측면에서 건강한 삶을 위해 일상을 누리고 즐기며 회복을 기대할 수 있는 디지털 헬스케어 기술에 대한 요구가 많아졌다. 무엇보다 CES 2023에서는 과거와 달리 일상에서 쓰이는 도구들이 건강한 삶을 영위할 수 있도록 돕는 기술을 탑재하고 재탄생한 제품이나 서비스가 많다.

한국의 스타트업인 앤씰의 슬립인바디 매트리스는 건강을 누리고 즐기게 만드는 기술이 적용된 대표적인 사례이다. 매트리스의 지지대에 해당하는 스프링 서포트 부분과 신체의 압력을 측정하는 센서가 사용자의 데이터를 분석한다. 분석된 데이터는 사용자의 수면 패턴을 파악하는 데 쓰이고, 동시에 함께 연결된 스마트 체중계의 체성분 데이터와 결합해 수면 경험을 지수화하여 보여준다.

수면에 대해 많은 솔루션이 발표되었는데 그중에서도 이 기술은 수면의 질을 분석해 사용자의 수면 경험을 높여주는 과정을 보다 구체화한 것으로 평가된다. 특히 체성분 데이터와 수면 상황에서의 데이터를 조합하

크래들이 개발한 악기형 커뮤니케이션 도구 (출처: 크래들)

여 수면에 최적화된 환경을 제공해 사용자의 수면 건강을 돕는다는 서비스 전략에는 사용자가 일상에서 건강을 어떻게 누릴 수 있느냐에 대한 고민이 엿보인다.

케어 도구이자 소리를 내는 악기라 할 수 있는 크래들Crdl 역시 건강을 즐긴다는 트렌드 측면에서 주목할 만한 제품이다. 사회적 고립이 심해진 상황에서 치매·자폐증·정신장애 등과 같은 질환으로 고통받는 사람들을 치유하기 위해 사용할 수 있는 도구다. 이 도구를 신체의 일부분에 가져다 대면 촉각을 경험할 수 있고, 이를 소리로 변환해 전달한다. 별것 아닌 것 같은 이러한 상호작용 방식은 사람들 간에 새로운 커뮤니케이션 경험을 제공하며, 사회적 교류에 어려움을 느끼는 사람들의 심리적 문제를 치유하는 데 효과가 있다. 일상에서 아주 작은 커뮤니케이션 방식의 변화를 만들고 즐겁게 하는 기술이 적용된 것만으로도 건강에 긍정적인 효과를 이끌어낼 수 있는 아주 좋은 사례이다.

헬스 테크
패러다임 시프트
포인트 5

● 　　　코로나19 팬데믹으로 인해 디지털 헬스케어 분야에 관심이 높아지고 투자가 몰리면서 혁신적인 제품이나 서비스가 쏟아지리라 예측하는 사람이 많았다. 그러나 디지털 헬스케어 분야는 사람들에게 민감한 부분인 건강을 다루는 만큼 아주 조심스럽고 확실한 검증이 요구된다. 검증 절차가 매우 엄격하고 사람들의 기술 수용성이 낮은 분야이므로, 기존 의료·보험 등 레거시 산업과의 융화, 사용자 측면에서 불편한 경험을 개선하는 일 등 복잡한 과제들이 대거 등장했다. 여전히 CES가 소개하는 혁신 기술과 제품, 서비스들을 우리 일상에서 온전히 경험하기가 쉽지 않다.

그럼에도 불구하고 임상과 검증이 아닌 현장과 적용으로 바뀌고 있다는 점, 치료와 관리가 병원이 아닌 일상에서 이루어진다는 점, 무엇보다 사람들이 건강을 누리고 즐기게 되었다는 점 등은 CES 2023의 사례들을 시작으로 두드러지는 트렌드이다. 까다로운 검증 절차와 기술 수용의 측면에서 비로소 여러 가지 조건이 갖춰진다고 볼 수 있다. 그렇다면 앞으로 디지털 헬스케어 분야의 미래는 어떻게 진화할 것인가? 5가지 포인트에서 디지털 헬스케어 분야의 미래를 예측해본다.

1. 병원으로부터 확장된 의료서비스의 일반화

앞으로 병원은 의료 행위의 거점 역할을 하고, 점차 병원 밖에서의 의료

뉴라로직스의 아누라 텔레헬스 (출처: 뉴라로직스)

서비스가 확장될 것이다. 이제는 병원에 가지 않고도 누구나 치료나 건강 관리 서비스를 제공받을 수 있는 환경이 조성되었다.

앞서 소개한 애보트의 플렉스버스트360이나 얼라이브코어AliveCor의 카디아모바일 카드KardiaMobile Card, 뉴라로직스NuraLogix의 아누라 텔레헬스Anura Telehealth, 한국 원격의료 플랫폼 닥터나우Dr.Now와 같은 기업들은 직간접적으로 병원과 연결되어 서비스를 제공하는 구조를 가지고 있다. 이들이 점차 허브 혹은 플랫폼으로서 힘을 갖게 되면 병원 서비스의 출발점이 이들을 중심으로 돌아가게 될 것이다. 그렇게 되면 병원·보험 등 기존 레거시들의 비즈니스 전략이 대거 수정될 수밖에 없다. 또한 사용자들은 자신이 가진 허브나 플랫폼을 활용해 기존에 병원에서만 받을 수 있었던 여러 의료서비스를 외부에서 보다 편리한 접점을 제공하는 곳을 찾아 선택할 수 있을 것이다.

2. 스스로 적극 참여하는 치료 및 건강관리 콘셉트

앞으로 환자를 포함한 디지털 헬스케어 서비스 사용자들은 보다 주체적인 치료와 건강관리에 익숙해질 것이다. 기존 환자들의 치료 경험을 살펴보면 대부분 의사의 진료와 처방에 적극적으로 따르지 않은 점이 주요한 문제점으로 드러났다. 예를 들어 당뇨·심장질환 등 만성질환을 앓는 환자들은 약을 처방받아도 의사가 처방한 대로 정확하게 복용하는 복약순응도가 대략 60~70% 선이다. 즉, 30% 이상의 환자들은 약을 처방받은 대로 먹지 않아 건강 문제를 악화시킨다는 것이다. 그만큼 환자들은 생각보다 자신의 질병에 둔하고, 또 치료에 소극적인 태도를 취한다는 점은 디지털 헬스케어 분야에서 극복해야 할 선결 과제로 여겨졌다.

이러한 측면에서 모바일 퍼스트**Mobile First**로 대표되는 디지털 헬스케어 서비스의 사용 행태를 눈여겨봐야 한다. 기존의 디지털 헬스케어 서비스들이 주로 PC 기반의 웹 서비스에 머무르는 경우가 많아 환자들은 서비스를 받기 위해 정적인 환경에서 앉아서 PC에 접속해야 했다. 당연하게도 디지털 헬스케어 서비스에 대한 만족도가 떨어지고, 사용률 역시 꾸준히 감소했다. 그러나 최근 3년 동안 거의 모든 디지털 헬스케어 서비스들이 모바일 기반으로 바뀌면서 성장성이 눈에 띄기 시작했다. 특히 모바일 애플리케이션들의 치열한 경쟁 속에서 디지털 헬스케어 서비스는 조금씩 존재감을 드러내고 있다. 디지털 헬스케어 분야에서 건강관리 효과에 대한 임상적 검증만큼이나 사용자의 일상을 모바일 애플리케이션이 얼마나 점유하느냐에 대한 것은 중요한 요소이다.

따라서 디지털 헬스케어 서비스가 유튜브나 넷플릭스, 페이스북 메신저와 같이 일상적으로 두루 쓰이는 서비스들에 경쟁력을 갖추기 위해서는 사용자의 적극적인 서비스 이용을 유도할 UX가 필요하다. 스타러커스와 같은 DTx 등은 사용자가 게임에 참여하는 과정에서 자연스럽게 치료 행위를 경험할 수 있게 설계되었다. 앞서 언급했듯이 사람들이 의료서비스에 접근할 수 있는 허브나 플랫폼 선택지가 많아지면 사용자들은 스스로 치료나 건강관리에 필요한 것을 적극적으로 찾게 될 것이다.

3. 디지털 헬스케어를 둘러싼 업의 변화

디지털 헬스케어 분야의 성장은 업의 변화를 가장 드라마틱하게 불러올 것이다. 특히 병원 등 기존 의료업에 큰 변화가 일어날 것이다. 헬스케어의 공급자(의료인, 병원)와 수혜자(환자, 사용자)의 스탠스가 달라지기 때문이다. 병원 밖으로 의료서비스가 확장되면 더는 병원 내 의료인들만으로는 서비스를 제공하기가 어려워진다.

의료계는 병원 외부에 있는 환자를 치료·추적·관찰할 수 있는 IT 인프라를 구축해야 한다. 또한 환자와의 접점을 다양하게 디자인할 수밖에 없는 상황에서 서비스 주체가 더는 의료인 중심으로만 이루어지지 않을 것이다. 이미 원격의료만 전담하는 병원이 생겨나고 있으며, 1차 의료기관을 운영하는 의사들을 중심으로 의료서비스의 효율성과 수익 등에서 가능성을 보고, 병원 밖 서비스들과의 연계를 추진하는 경우도 늘고 있다. 만성질환만 하더라도 질병의 추적, 관찰 등을 모바일 애플리케이션으로 실시하고, 정기 혹은 비정기적 방문 시 환자의 상태를 데이터로 1차 스크리닝하여 진단과 처방에 활용하는 경우가 증가하고 있다.

보험업 역시 큰 변화를 겪을 것으로 보인다. 기본적으로 디지털 헬스케어 분야에서 환자 및 사용자들이 주체성을 갖고 치료나 건강관리에 적극적으로 참여할 수 있게 된 것은 IT기업들이 꾸준히 투자해온 덕분이기도 하다. 의료 영역에서는 AI 기술을 중심으로 디지털 헬스케어 분야에서 질병에 대한 스크리닝이나 진단·보조 등 데이터분석이 고도화되고 있다. 또한 라이프스타일이나 건강관리 영역에서도 걸음 수, 수면 내용 등의 정보를 수집하는 트래킹 기술이 정확해지고 보편화되고 있다.

이에 따라 현재 데이터에 기반해 건강위험관리에 어떻게 접근할 수 있을지에 대한 새로운 아이디어와 시도들도 많이 나오고 있다. 개개인의 건강을 나이로 환산하여 건강의 위험 요소를 쉽게 인지하거나 사람들이 건강관리에 들이는 노력을 걸음 수, 활동량 등으로 파악해볼 수도 있다.

이러한 관점에서 보험사가 아닌 IT기업들이 보험업을 대신할 수도 있다. 경우에 따라서 기존 보험업이 사라지고 IT기업들이 그 자리를 차지할 것이다. IT기업들은 이미 제품이나 서비스에 대한 AS 측면에서 리스크를 관리하고 있으며, 이에 따른 가격 모델링에 익숙하다. 따라서 디지털 헬스케어 서비스에서 수집되는 데이터를 바탕으로 건강관리 혹은 치료 효과에 따른 보상과 패널티를 조정하는 알고리즘이 기존 보험계리 방식에 비해 훨씬 정교해질 수 있다.

4. 일상의 가전에서부터 시작되는 건강관리

일상의 가전제품들은 모두 건강관리와 연계되도록 진화할 것이다. 특히 사물인터넷으로 불리는 환경에서 제품들이 서로 연결되는 홈 가전 콘셉트가 지난 몇 년 사이 많이 발전한 것을 주목할 필요가 있다. TV·냉장고·세탁기·건조기·청소기 등의 가전제품들은 그 자체로 고유의 기능을 가진 가전제품들이다. 예를 들면 냉장고는 냉장 및 냉동 기능으로 식품을 저장하는 것이 주된 기능이고, 건조기는 세탁한 옷을 말리는 기능이 주된 기능이다. 이렇듯 사용 목적과 기능이 뚜렷한 가전들이 서로 연결되면 일상생활의 일부를 책임지는 역할까지 수행할 수 있다.

일부 제품들에서는 이미 시도들이 있었다. 삼성의 에어드레서는 기본적으로 의류 관리기로서 탈취나 먼지 털기 등의 기능이 기본적이지만, 미세먼지를 측정해 사용자에게 위험을 알리고 공기청정 기능을 가동하는 등 사용자의 건강에 도움을 주는 기능을 제공한다. 가전제품들이 서로 연결되면 에어드레서가 먼지 인식만으로 공기청정기에 작동을 명령하는 방식으로 사용자의 건강을 세심하게 관리할 수 있는 '맥락 자동화'가 가능해질 것이다. 냉장고 내의 식품들이 가지고 있는 고유 코드들이 자동 인식되어 사용자의 식단 관리 애플리케이션에 연동되면 식단 제안이나 유통기한 관리 등에 활용될 수 있다. 이러한 시도들은 일상생활의 거의 모든 디지털 제품과 서비스를 디지털 헬스케어의 중심 혹은 사용자의 건강관리에 진입점으로 활용될 가능성을 높인다.

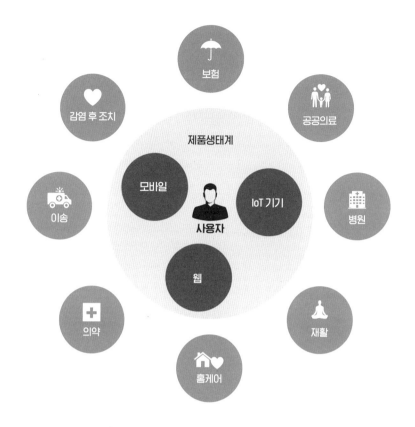

사물인터넷 기반의 가전제품들은 모두 사용자의 건강 데이터를 수집하는 디지털 헬스케어 솔루션으로 진화할 것이다 (출처: 데미고스)

5. 건강 데이터의 자본화와 권리화

마지막으로 사용자들로부터 수집된 건강 데이터들은 새로운 자본이자 사용자들의 권리로 활용될 수 있을 것이다. 가장 두드러지게 변화할 것으로 보이는 분야가 보험업인 이유가 여기에 있다. 수많은 이용자의 건강 데이터를 수집할 수 있는 데다 종류 역시 다양하다. 이러한 데이터들은 수집 방식에 따라서 사용자에게 데이터 소유권에 대한 인식을 높이는 계기가 되고 있다. 개인정보의 민감도로 볼 때 가장 높은 수준에 있는 건강 데이터에 대해 개인들은 그간 그 중요성을 인식하지 못했다는 점을 감안할 때, 이러한 인식의 변화는 디지털 헬스케어 관련 서비스의 패러다임을 바꿀 열쇠가 될 것이다.

병원 진료나 건강검진을 받을 때 의료기관이 수집한 건강 데이터는 개인의 것이다. 기존의 헬스케어 관련 IT 인프라에서는 개인이 해당 데이터에 상시로 접근할 방법이 없어 별도로 열람을 신청하는 등의 복잡한 절차를 거쳐야만 했다. 그러나 건강 데이터가 병원뿐만 아니라 다양한 디지털 헬스케어 관련 IT기업으로부터 수집되면서 데이터를 직접 컨트롤하는 경험이 늘고 있다.

가령 스타트업 알고케어가 제공하는 개인 맞춤형 영양제 제조 서비스를 들 수 있다. 이 기업은 향후 수집된 건강 데이터 및 영양제 복용 데이터 등을 맞춤형 영양제를 개발하는 데 활용할 수 있을 것이다. 이때 각 개인은 자신의 데이터를 해당 상품을 개발하는 데 활용하는 대가로 로열티를 받을 수도 있을 것이다. 이러한 모델은 건강 데이터를 다루는 거의 모든 디지털 헬스케어 기업들에서 다양한 방식으로 시도될 수 있다.

건강 데이터에 대한 자본화와 권리화는 향후 디지털 헬스케어 분야의 비즈니스모델에서 최고의 무기로 작용할 가능성이 크다. 특히 데이터 자체가 자본화되는 타 분야 시장의 성장세로 가늠할 때 디지털 헬스케어 분야 역시 몇몇 독점적인 기업들을 중심으로 급격하게 성장할 가능성이 크다. 개인정보의 민감도가 높은 건강 분야의 특성을 생각하면 보안·인프라·데이터를 관리하는 일에서 일정 수준 이상의 능력을 갖춘 대형 IT기업들을 중심으로 디지털 헬스케어 비즈니스는 구조화될 것이다.

PART 7

스페이스 테크

:

인류의
미래를 위한
지상 최대의
트렌드

이용덕

30여 년 동안 세계적인 IT·반도체기업에서 근무하며 혁신과 성장을 주도했다. AI, 자율주행, 빅데이터, 딥러닝 분야의 반도체 시장을 주도하는 엔비디아의 한국 지사장으로 13년간 재직했으며 세계 3대 반도체 팹리스 기업 브로드컴, 반도체기업 레저리티의 초대 한국 지사장을 지내기도 했다. 현재 글로벌 스타트업 엑셀러레이터 드림앤퓨처랩스 대표, AI, 클라우드 SW·HW 전문 기업인 바로AI CEO, 서강대학교 아트앤테크놀로지학과 교수이다.

○　　2022년 9월 27일, 흥미로운 실험 하나가 유튜브를 통해 생중계되었다. 소행성과의 충돌로부터 지구를 지키기 위한 나사[NASA]의 다트(DART: Double Asteroid Redirection Test, 쌍소행성 궤도변경 테스트) 실험이었다. 나사는 다트 무인 우주선을 지구로부터 1,120만km 떨어져 있는 곳의 소행성 디모포스[Dimorphos]와 충돌시켜 궤도를 바꾸고자 실험을 계획했다. 다트 우주선은 암석으로 뒤덮힌 소행성 디모포스에 충돌하기 3초 전까지 영상을 보내주었고, 전 세계 시청자들이 그 영상을 생생하게 지켜보았던 것이다. 인류는 앞으로 지구와 소행성이 충돌할 경우, 그 위협을 어떻게 대처할까? 그 해답을 찾기 위한 첫 행보가 시작된 역사적인 순간이었다.

그로부터 2주 뒤인 10월 11일, 나사는 디모포스의 공전주기가 예상했던 10분보다 훨씬 큰 32분 단축되어 궤도변경에 성공했음을 공식적으로 발표했다. 현재 지구에 위협을 줄 수 있는 지름 140m 이상의 소행성인 잠재적 위협 소행성[Potentially Hazardous Asteroid, PHA]은 약 2,250개에 달한다. 그런데 이 PHA가 지구와 충돌하면, 국가 하나가 통째로 사라지는 만큼의 어마어마한 재앙을 가져올 수 있다고 한다.

전문가들은 향후 100년간 140m급 소행성과의 충돌 위협은 없을 것이라고 예상하지만, 이 또한 예측 중 하나일 뿐이다. 분명한 것은 과학과 기술로 미래 우주 시대를 준비하고 있으며 지구를 지키기 위한 인류의 도전은 계속되고 있다는 점이다.

또 화성을 향한 준비 또한 계속 이어지고 있다. 현재 화성에서 활발하게 활

퍼서비어런스가 유기물을 채취해낸 와일드캣 릿지Wildcat Ridge. 암석 샘플을 채취한 뒤 남은 2개의 구멍이 보인다. (출처: 나사)

동 중인 탐사로버 큐리오시티Curiocity는 끊임없이 이동하며 10년째 토양을 분석하고 있다. 특히 2022년 6월에는 그동안 보내온 1,000장 이상의 18억 화소급 고해상도 사진을 바탕으로 파노라마를 만들었는데, 이는 화성 탐사에 중요한 자료로 사용되고 있다.

2021년 2월, 화성에 착륙한 탐사로버 퍼서비어런스Perseverance는 암석 샘플 2개를 수집했다. 그 암석에는 고대 미생물 흔적인 유기물 분자가 포함되어 있었는데, 이것은 35억 년 전 화성에 생명체가 존재했을 가능성을 연구하는 데 중요한 단서가 될 것이라고 한다. 그 외에도 나사와 유럽우주국은 2028년 화성에 우주선을 보내 2033년 지구로 암석 샘플을 가져올 예정이다.

우주, 우주로!

2022년은 인류가 우주를 향해 그 어느 해보다 힘차게 도약한 해였다. 2022년 CES에서는 CES 55년 역사상 처음으로 스페이스 테크가 '주목할 만한 기술 분야'로 선정되면서 우주산업의 중요성이 대두되었고, 1년 내내 거의 매주 우주를 향한 시도와 도전에 대한 각 나라, 그리고 많은 기업의 기사가 발표되었다.

그중 가장 주목할 만한 것은 나사의 '아르테미스 프로젝트^{Artemis Project}'다. 아르테미스 프로젝트는 미국이 주도하고 있는 달 탐사 프로젝트로, 유인 탐사와 우주정거장 건설 등 3단계 목표를 가지고 있다. 그중 1단계인 오리온 무인 달 탐사선을 2022년에 성공적으로 발사했다. 오리온은 2028년 달에서의 인간 거주를 목표로, 달에서 장기 체류용 기지를 구축하고 자원을 확보하며 환경을 조사하기 위한 탐사선이다. 기술적 결함으로 우주선 발사가 3번이나 연기되었지만, 드디어 2022년 11월 16일 발사에 성공했다. 그리고 오리온은 25일 동안 달 표면 130km 이내 상공까지 근접 비행한 후 12월 11일 지구로 무사히 귀환했다.

아르테미스 프로젝트는 1972년 12월 11일 아폴로 17호가 달에 착륙한 후 50년 만에 재개된 나사의 첫 번째 프로젝트다. 아르테미스 1호 발사를 성공시킴으로써 나사는 2024년 4명의 우주 비행사를 태우고 달 궤도를 비행하는 2단계 미션을 진행하는 데 더욱 힘을 얻었을 것이다. 나사는 2025년 우주 비행사를 달에 착륙시키고, 2028년 이후에는 달에서의 거주를 실험하겠다는 목표를 가지고 있다. 이러한 나사의 목표는 우주, 특히 화성으로 가기 위한 교두보이자 전초기지를 건설하는 데 있다. 한국도 2021년 아르테미스 협정에 서명하며 10번째 참여국이 되었다.

달 탐사 도전에는 중국도 적극적이다. 중국은 지난 2020년 창허 5호를 달 표면에 착륙시킨 후 달 표면 샘플을 약 1.7kg 가져와 분석하고 있다. 그리고

2022년 11월 30일 독자 우주정거장을 완성하기 위한 마지막 단계로 3명의 우주 비행사를 태운 선저우 15호를 발사했다. 선저우 15호는 우주정거장의 핵심 모듈인 톈허와의 도킹에 성공했다. 선저우 15호에 탑승한 3명의 우주 비행사는 6개월간 톈허에서 체류하며 임무를 마치고, 2023년 5월 지구로 귀환할 예정이다.

한국 역시 의미 있는 성과를 거두었다. 2022년 9월 5일 발사한 한국 최초의 달 탐사선 다누리호는 12월 19일 달 궤도에 무사히 진입했다. 이후 다누리호는 달 표면 100km까지 고도를 낮춘 뒤 기지 후보 지역을 탐색하고, 광물자원을 분석할 예정이라고 알려졌다.

일본도 2022년 12월 12일 민간기업인 아이스페이스^{ispace}가 개발한 하쿠토-R 미션1 착륙선을 성공적으로 발사했다. 이 착륙선이 예정대로 2023년 4월에 달 표면에 착륙하면, 토양 등의 자원을 채취할 예정이다. 이들은 세계 최초의 달 자원 거래를 목표로 하고 있다. 그리고 유럽우주국은 우주에서 얻은 태양광 에너지를 지구로 무선전송하는 연구인 '솔라리스 프로젝트^{Solaris Progect}'의 승인을 검토 중이다.

이처럼 2022년은 나사를 중심으로 우주를 향한 과학·기술계의 거대한 진전이 이어졌다. 특히 일론 머스크의 스페이스엑스^{SpaceX}의 앞선 기술이 단연코 도드라진 한 해였다. 스페이스엑스의 팰컨9^{Falcon9} 로켓은 주로 국제우주정거장^{ISS}으로의 화물운송과 유인 우주비행을 가능케 했다. 팰컨9은 정지궤도(GTO: Geostationary Transfer Orbit, 고도 4만 2,164km)와 저궤도(LEO: Low

Earth Orbit, 고도 2,000km)에 통신위성과 지구 관측 위성도 발사했다.

2022년에는 전 세계에서 180개의 로켓이 성공적으로 발사되었다. 이 경쟁의 선두를 차지하고 있는 국가는 미국이지만 중국도 지난 10년간 연간 로켓 발사 회수를 늘려 2022년에는 두 번째로 많은 로켓을 성공적으로 발사한 국가가 되었다.

스페이스엑스에 따르면, 2022년 11월 말까지 총 52회, 2022년 연말까지는 70회 정도 로켓 발사에 성공했다. 쉽게 말해 6일에 한 번씩 발사에 성공한 것이다. 이러한 수치는 2021년에 비해 성공률이 2배 이상 높아졌음을 보여준다. 특히 부스터 로켓을 50회가량 회수했는데 그중 13번 이상 재사용한 부스터 로켓만 3대에 달한다. 이는 기술적으로나 비용 측면으로나 획기적인 혁신이 아닐 수 없다. 스페이스엑스는 2023년 더욱 많은 로켓을 발사할 것으로 예상되는데, 상업용을 비롯해 각국 정부로부터 의뢰받은 로켓 발사 건수가 이미 50건(팰컨9과 팰컨헤비 기준)에 이르고 2023년에는 총 100회 가량 로켓 발사가 이루어질 것으로 예측되고 있다.

2022년 전 세계 로켓 발사 회수 (출처: 〈네이처〉)

경이로운
도전에 나선
기업들

◉　　　우주산업에 도전하고 있는 주요 기업들의 사례를 간단히 살펴보도록 하자.

아마존 : "알렉사, 달로 데려다줘."

베네시안엑스포에 위치한 아마존관은 많은 관람객으로 북적였다. 전시장 천장 가운데 달 모형을 설치했는데, 이것은 아마존이 나사의 아르테미스 프로젝트에 참여하고 있음을 보여주는 조형물이다. 그리고 그 옆 모니터에는 "알렉사, 달로 데려다줘Alexa, Take me to the Moon."라는 문구가 있었다. 아마존의 로켓제조 기업인 블루오리진Blue origin의 우주선, 차세대 우주정거장 오비탈 리프Orbital Reef 등에서 AI 음성인식 시스템인 알렉사를 사용할 수 있음을 직간접적으로 보여주고 있다.

그리고 아마존은 2019년에 시작한 지구 저궤도(이하 LEO) 위성 광대역 프로젝트 카이퍼Kuiper를 적극 홍보하고 있었다. 카이퍼는 인터넷 접속이 어려운 수천만 명의 사람들에게 광대역 인터넷 접속을 제공하기 위해 시작된 프로젝트다. LEO에 총 3,236개의 위성을 쏘아 올려 전체 네트워크를 구축할 예정이다. 3개의 발사 서비스 업체를 통해 향후 10년 동안 총 91번의 위성 발사를 진행할 것이라고 한다. 이는 전체 계약 가치만 따져도 100억 달러(약 12조 3,700억 원)에 달한다. 초기 프로토타입 위성인 '카이퍼

아마존 전시관에 설치된 달 모형 (출처: 이용덕)

샛-1^{KuiperSat-1}'과 '카이퍼샛-2^{KuiperSat-2}'를 ULA^{United Launch Alliance}의 벌컨 센토 Vulcan Centaur 로켓으로 2023년 초에 발사할 예정이다. 카이퍼 시스템에는 고급 LEO 위성이자 작고 저렴한 고객 터미널이며 안전하고 탄력적인 지상 통신 네트워크로 3가지 핵심 특장점을 가지고 있다.

그렇다면 여기서 의문이 들 것이다. 이미 일론 머스크가 서비스를 진행하고 있는 스타링크^{Starlink}와 똑같은 위성 인터넷 서비스 사업에 왜 아마존도 뛰어든 것일까? 아마존은 2018년 스페이스엑스에서 해고된 스타링크 전 부사장 라지예프 바디알^{Rajeev Badyal}을 카이퍼 프로젝트 기술 총괄 부사장으로 영입해 2019년부터 카이퍼 프로젝트를 시작했다. 이미 플랫폼 비즈니스로 확보하고 있는 글로벌 물류, 운영 공간을 활용해 고객 서비스 품질을 높이고 AWS를 통해 글로벌 고객에게 네트워킹과 인프라를 제공하겠다는 목적이다.

게다가 이미 아마존은 에코^{Echo}나 킨들^{Kindle} 같은 저비용 장치와 서비스를 생산하고 운영해본 경험으로 더 저렴하고 접근하기 쉬운 가격으로 고객에게 광대역 서비스를 제공할 수 있으리라고 생각한 것이다. 카이퍼 시스템이 배치되면 일반인은 물론 학교, 병원, 기업, 재난구호 현장, 정부기관, 신뢰할 수 있는 광대역이 없는 곳에서 운영되는 기타 조직에 서비스를 제공할 수 있다.

소니 : 우주적 관점을 발견하다

지난 CES 2022에서 소니는 촬영용 위성인 스타 스피어^{Star Sphere}를 발표하며 우주를 촬영할 수 있는 나노위성 콘셉트를 제안했다. 그리고 1년이 지난 2023년 1월 3일 우주에서 촬영할 수 있는 카메라를 장착한 원격제어 나노위성 아이^{EYE}를 성공적으로 발사했다.

스타 스피어는 "우주 관점을 발견하는 경험으로의 여정^{A Journey into the Experience of Discovering Space Perspectives}"이란 슬로건으로 1년 만에 놀라운 결과를 보여주었다. 스타 스피어는 '공간적 관점'을 발견해 지구 환경과 사회문제에 대해 생각할 기회를 제공하기 위한 프로젝트다. 이번 CES에서는 향후 제공할 '우주 체험 사진 촬영' 공간을 제안하는 실험 시뮬레이터인 '스페이스 슈팅 랩^{Space Shooting Lab}'과 소니 카메라를 탑재한 나노위성 모델을 전시했다.

소니의 나노위성은 지구에서 500~600km 떨어진 곳에서 사진을 찍을 수 있고, 이 위성 카메라를 활용해 우주 사진 체험 서비스를 제공할 예정이다. 스타 스피어의 주요 기능은 다음과 같다. (1) 우주에서 지구와 우주 공간의 원격 이미지 캡쳐, (2) 4K 동영상 및 고감도 이미지·영상 촬영, (3) 시뮬레이터를 이용한 직관적 조작, (4) 위치·주제·시간 등을 프리셋을 통해

소니 스타 스피어 샘플 위성 (출처: 이용덕)

예약하고 지상국 통과 시에 실시간 촬영을 하거나 라이브 연동할 수 있다.

또 미리 지정한 날짜와 시간에 위성이 도착하면 그 장면을 포착하고, 추후 해당 날짜와 시간에 촬영한 나만의 사진을 받아볼 수 있다. 서비스를 받는 사람은 위성이 만드는 16개의 가능한 궤도에서 최대 50개의 이미지와 30초 분량의 동영상을 캡처할 수 있다. 스타 스피어 프로젝트는 도쿄대학교·소니·일본항공우주국JAXA이 공동으로 진행하며 현재 이 서비스는 일본과 미국에서만 사용할 수 있다.

소니에 따르면 스타 스피어 위성의 특징은 사용자가 스스로 조작할 수 있다는 것이다. 그렇게 되면 지금까지 볼 수 없었던 시야각을 포함하는 전용 카메라 시스템으로 나만의 우주 사진과 동영상을 찍을 수 있다. 스타 스피어에는 28-135mm f/4 렌즈가 장착된 소니 풀프레임 카메라가 탑재되어 있고, 사용자는 ISO, 조리개, 셔터 속도와 같은 사진 매개변수를 선택하여 카메라를 원격으로 제어할 수 있다.

지멘스 : 우주여행을 돕는 엑셀러레이터

지멘스SIEMENS는 CES 2023에서 우주기술 가속화를 위한 엑셀러레이터 Xcelerator 디지털 트윈 기술을 소개했다. 이는 '모두를 위한 지속가능성과 인간 보안'을 목표로 하며, 소프트웨어가 우주 환경을 시뮬레이션하고 최적화하도록, 또 하드웨어가 최첨단 우주선을 제조할 수 있도록 돕는다.

지멘스 디지털 트윈 기술은 자동화·로봇공학·AI·IoT 기능을 모두 갖추고 3D 시뮬레이션을 최적화해준다. 그것을 바탕으로 설계와 구상을 진행하면 제조의 속도를 높일 수 있다. 이번 CES 2023에서 전시한 지멘스의 디지털 트윈 기술은, 우주여행 경험을 캡처할 수 있게 했다. 우주 가장자리까지 하루 동안 여행하며 우주 비행사가 지구를 360도 전망하도록 해주는 '스페이스 퍼스펙티브Space Perspective'의 열기구에 적용했다. 사용자들은 시

스페이스 퍼스펙티브의 3D 시뮬레이션 체험관 (출처: 스페이스 퍼스펙티브)

뮬레이션을 통해 우주 열기구가 성층권으로 항해할 때의 모든 측면을 생생하고 자세하게 볼 수 있다.

미국 플로리다주에 위치한 스페이스 퍼스펙티브는 세계 유일의 탄소 중립 럭셔리 우주비행 체험 기업이다. 이 기업은 로켓 중력, 무중력 훈련과 같은 혹독한 과정을 견뎌내지 않고도 우주여행을 할 수 있는 방법을 제안했다. 축구 경기장만큼 큰 '스페이스 벌룬Space Balloon'에 의해 들어 올려진 스페이스 퍼스펙티브의 가압 캡슐 '스페이스십 넵튠Spaceship Neptune'이 바로 그것이다. 캡슐은 8명의 탐험가를 태우고 6시간 동안 편안한 우주여행을 제공한다. 캡슐에 탄 사람들은 전형적인 우주비행사 체험을 할 수 있다.

이 혁신적인 캡슐을 설계하려면 디자인부터 테스트, 생산에 이르기까지 편안함·안전성·지속가능성을 극대화하기 위한 최신 도구가 필요한데, 앞서 소개한 지멘스의 엑셀러레이터가 이 부분에 큰 도움을 주었다. 엑셀러

스페이스 퍼스펙티브의 우주여행 상상도 [출처 : 스페이스 퍼스펙티브]

레이터는 포괄적인 디지털 트윈을 개발해 캡슐과 그 시스템을 시각화하고 테스트했으며, 개발 프로세스를 가속시켰다. 덕분에 세계에서 가장 안전하고 편안한, 그리고 지속가능한 우주여행 방법이 개발된 것이다.

스페이스 퍼스펙티브는 2024년 스페이스십 넵튠으로 우주여행을 시작할 예정이다. 이를 위해 2021년 6월 19일에 테스트용 '넵튠 원Neptune One'의 첫 번째 무인 시험 비행을 성공적으로 마쳤다. 비행은 6시간 동안 이루어지는데 지구 표면 위 30km(10만 ft)에 도달해 시속 19km/h로 이동하며 모든 전망을 감상할 수 있다. 체험 가격은 12만 5,000달러(한화 약 1억 5,400만 원)로 이미 200명이 신청해 2024년 여행티켓은 매진되었다. 목적지에 도착하면 첨단 우주 라운지에서 멋진 전망을 감상하며 저녁식사와 칵테일을 즐기는 프로그램으로 구성된다.

유니스텔라 : 모든 사람에게 우주의 경이로움을

이번 CES 2023에서 프랑스 스타트업 유니스텔라Unistella는 스마트 망원경으로 주목받았다. 유니스텔라의 스마트 망원경은 빛공해가 있는 도시에서도 별을 관찰할 수 있다는 것이 혁신적인 장점이다. 스마트 빛공해 감소기술Smart Light Pollution Reduction을 이용한 기계학습 알고리즘을 통해 대도시 어디에서나 행성과 성단을 관찰할 수 있다. 또 은하와 성운의 빛을 밝힐 수 있는데, 이러한 향상된 비전 기술은 망원경으로 관찰한 이미지를 따로 저장하거나 라이브로도 볼 수 있게 해준다. 그리고 '자율 필드 감지기술Autonomous Field Detection Technology'을 채용해 100% 앱으로 컨트롤할 수 있으며,

2분 만에 우주를 관찰할 수 있다. 그야말로 많은 사람에게 우주의 경이로움을 발견하는 경험을 제공하는 것이다.

유니스텔라의 스마트 망원경은 우리가 알고 있는 기존의 망원경과는 다르다. 접안렌즈가 없어 망원경으로 밤하늘을 볼 수 없다. 먼 은하계, 성운 및 성단에서 빛을 수집하는 사용자의 눈 대신에 해당 광자가 직접 소니 IMX347 센서로 이동한다. 바깥에서 하는 별 관측이 아니라 실내에 앉아 천체 이미지가 스마트폰에 전송될 때까지 기다리기만 하면 된다. 이것은 이미지 센서에 사진의 초점을 맞추기 전에 거대한 거울을 사용하여 빛을 모으는 방식, 즉 본질적으로 허블Hubble이나 제임스 웹James Webb 우주 망

유니스텔라 스마트 망원경으로 우주를 관측하는 모습 [출처: 유니스텔라]

원경 같은 작동방식이다.

유니스텔라의 스마트 망원경을 야외에 설치하고 앱에서 목적지를 클릭하면 바로 스마트폰 화면을 통해 우주의 경이로움을 느낄 수 있다. 이번 CES에서 발표한 스마트 망원경은 2세대 모델인 eV스코프 에퀴녹스2 eVscope eQuinox2로 무게는 9kg 정도다. 11시간 충전 배터리와 64GB의 저장용량을 갖추었으며 JPEG나 RAW 형식으로 6.2/7.7MP를 지원하여 공유 및 사후작업이 쉽다는 장점이 있다. 스마트 망원경으로 약 3억 개 이상의 별을 관측할 수 있는데, 유니스텔라는 자신들의 기술력을 바탕으로 나사와 파트너십을 맺어 인류의 우주 임무 및 첨단과학에 기여하는 중이라고 한다.

스페이스
비즈니스의
미래 트렌드

◉　　　우주 관련 비즈니스는 2023년에도 지속적으로 성장할 것으로 전망된다. 러시아-우크라이나 전쟁으로 시작된 전 세계적 경제불황에도 불구하고 장기적인 투자와 프로젝트가 이어지고 있기 때문이다. 우선 나사를 중심으로 약 40개 이상의 기업과 각국 정부 연구소 등이 컨소시엄을 이루어 지속적으로 투자하고 있다. 그리고 미국·중국·유럽우주국 등은 우주에 대한 선점을 정치적 이슈와 연결 짓고 있어 투자를 미룰 수 없는 상황이다. 스타트어스 인사이트StartUs Insight에 따르면, 2022년 1월 우주 비즈니스를 위한 기술을 개발하는 기업과 스타트업이 약 2,000개 이상이라고 한다.

우주 비즈니스는 크게 지구를 위한 우주 경제Space for Earth Economy와 우주를 위한 우주 경제Space for Space Economy로 나누어진다. 현재까지는 95% 이상의 우주 비즈니스가 지구를 위한 우주 경제에서 발생하고 있다. 하지만 가까운 미래에 달 혹은 화성에서 인류가 착륙하거나 거주하면서부터는 우주를 위한 우주 경제가 발생할 것이다. 이 말은 곧 2023년에는 지구를 위한 우주 경제가 주로 화두가 될 예정이라는 뜻이다. 기업들은 5G·3D프린팅·빅데이터·첨단 위성 시스템 같은 기술을 활용해 발 빠르게 대응할 것이고, 일기예보·인터넷·원격감지·GPS·위성TV 서비스 등은 우주 인프라를 통해 더욱 효과적으로 운영될 것이다. 2023년 우주 비즈니스의 주요 트렌드 5가지를 살펴보자.

1. 저궤도위성과 소형위성

일론 머스크의 스타링크가 우크라이나 군대에 위성 인터넷 서비스를 제공해 러시아군을 격파하는 장면을 TV에서 보았을 것이다. 지상 인터넷과 통신망이 파괴된 후 곤경에 빠진 우크라이나 군대에 스타링크가 제공한 위성 인터넷 서비스는 통신망을 빠르게 재건해 전선에 새로운 국면을 만드는 계기가 되었다.

앞서 설명했듯이 스타링크는 2022년까지 3,600개 이상의 위성을 설치했고, 2030년까지 4만 개의 위성을 띄워 전 세계 인터넷 서비스의 상업화와 대중화를 목표로 하고 있다. 또 미국의 통신사인 티모바일과 협력해 곧 휴대전화 서비스도 가능하게 할 예정이다. 영국의 위성 인터넷 기업인 원웹^{OneWeb}도 이미 288개의 위성으로 인터넷을 서비스하고 있다. 아마존도 이에 질세라 3,236개의 인터넷 위성으로 인터넷 서비스 프로젝트 카이퍼를 계획하고 있다. 캐나다의 텔레샛^{Telesat}은 298개의 위성을, EU 역시 초대형 위성사업을 발표했다. 중국도 자체 네트워크 계획을 발표했다. 앞으로는 우리도 모르는 사이에 위성으로 초고속 인터넷 서비스와 휴대전화 서비스를 제공받을 것이다.

이처럼 소형위성은 최근 몇 년 동안 보편화되었고, 스페이스 테크의 가장 중요한 트렌드가 되었다. 특히 소형위성은 독점적인 무선통신 네트워크가 가능하고, 과학적 관찰, GPS를 통한 데이터수집·모니터링 등 대형위성이 수행하기 어려운 임무에 적합하다는 장점이 있다. 게다가 가격이 저렴하고 대량생산도 용이하기 때문에 잠재력이 크다.

2. 우주관광, SaaS의 출현

2021년 스페이스엑스, 블루오리진, 버진갤럭틱**Virgin Galactic**에 의해 우주관광이 본격적으로 시작되었다. 그리고 2022년 5월 25일, 17일간의 ISS 방문을 마친 민간인 여행객 4명이 스페이스엑스의 유인우주선 크루 드래곤을 타고 지구로 무사히 귀환했다. 2016년에 설립된 우주 관광 전문 스타트업 엑시엄 스페이스**Axiom Space**가 처음으로 기획한 우주여행 상품인 AX-1이 바로 그것이었다. 1인당 여행비용은 아직 천문학적인 금액이지만, ISS 출범 22년 만에 처음으로 민간인만으로 구성된 우주여행 팀을 받았다는 점은 주목할 만한 사건이었다.

이제 우주관광은 체류 쪽으로 눈을 돌리는 중이다. 엑시엄 스페이스는 2020년 우주호텔을 지을 업체로 선정되었다. 2024년 첫 번째 우주모듈을 발사해 2027년까지 자체 우주정거장인 엑시엄 스테이션**Axiom Station**을 지을 계획이다. 엑시엄 스테이션 안에는 우주호텔과 같은 시설이 마련될 것이고, 이후 우주에서의 체류와 관광이 가능해질 것이다. 블루오리진 또한 시에라 스페이스**Sierra Space**와 함께 자체 우주정거장인 오비탈 리프를 건설하고 있다. 향후 스페이스 비즈니스 파크로 활용할 계획으로 알려져 있다.

이제 우주에서의 생활과 작업을 위해 새롭게 만들어지는 우주정거장 안의 거주지는 연구·숙박 등 고객의 목적에 맞게 공간·전력·통신·보안·제작·물류 서비스와 같은 토탈서비스를 제공하는 새로운 비즈니스 SaaS**Space as a Service**로 계속해서 발전해갈 것이다.

3. 첨단 생산기술, 3D프린팅의 중요성

우주에서 사용할 제품이나 서비스는 오류나 고장 없이 지속성·안정성을 유지하는 것이 무엇보다 중요하다. 그래서 개발단계부터 혁신적인 기술을 채택해야만 한다. 이는 장기적인 우주탐사 같은 임무수행을 위한 우주산업의 필수요소이기도 하다. 임무수행 중에 고장이 나거나 부품이 망실될 경우 빠르게 해결해야 하기 때문이다. 현재 첨단 로봇공학, 3D프린팅 및 조명 기반 제조기술의 출현으로 우주 생산기술의 혁신 역시 활발하게 진행되고 있다. 특히 우주에서 가장 중요하고 수요도가 높을 것으로 기대되는 기술은 3D프린팅이다. 여전히 생소한 기술이지만 우주산업에서만큼은 사용이 증가하는 추세다.

우주에서 인간의 활동이 증가하면 각종 장치·센서 등이 고장 났을 때 자체적으로 수리해야 할 일이 빈번해진다. 이는 곧 3D프린팅 기술과 산업에 대한 중요성과 수요가 높아짐을 의미하고, 여기에서 새로운 비즈니스 기회가 창출될 가능성도 커진다는 뜻이다. 3D프린팅 산업 규모는 2020년 150억 달러(21조 원)에서 2030년에는 1,200억 달러(170조 원)로 증가할 것으

연도	1대의 항공기 엔진에 있는 3D프린팅 부품 수
2015년	19개
2019년	304개
2024년(예상)	4,000개

1대의 항공기 엔진에 들어가는 3D 프린팅 부품의 수 [출처: ARK투자운용, 2021]

모의 달 토양을 사용하여 달의 환경에 맞게 진공 챔버에서 3D프린팅 기술로 테스트한 벌집 구조물 건축 자재 (출처: 포스터+파트너스)

로 예상한다.

앞서 소개한 아르테미스 프로젝트의 최종 목적은 '2028년 달에서 인간이 거주하는 것'이다. 비슷한 프로젝트로 유럽우주국이 주도하는 어메이즈^AMAZE라는 프로젝트가 있는데, 유럽 항공우주기업인 에어버스^Airbus도 참여하고 있다. 업계와 학계의 28개 파트너로 구성된 어메이즈는 금속으로도 우주 등급 부품을 대량 생산할 수 있도록 3D프린팅 기술을 개선하는 것을 목표로 하고 있다. 그리고 런던에 기반을 둔 건축기업 포스터+파트너스^Foster + Partners도 이 프로젝트에 참여해 3D프린팅 기술과 표토 혹은 달 토양을 재료로 4명이 거주할 달 기지를 구상하고 있다.

이 거주지는 운석, 감마선, 온도 변화로부터 우주 비행사를 보호할 수 있어야 한다. 거주지 건설에 필요한 관형 모듈은 먼저 우주 로켓에 의해 지구에서 배송된 다음, 착륙 이후엔 건물 구조를 지지하기 위해 팽창식 돔으로 확장된다. 마지막으로 로봇이 작동하는 3D프린터는 표토로부터 보호막을 형성하는데, 견고성과 원자재 경제성을 확보하기 위해 쉘 자체는 벌집처럼 속이 빈 세포구조로 생성될 계획이다. 포스터+파트너스는 모의 달 토양을 사용하여 1.5t 모형을 만들고 달의 조건을 모방한 진공 챔버에서 3D프린팅 기술을 테스트했다. 우주에서의 거주지 건설은 적절한 재료의 고안과 3D프린팅을 통한 구조 제작 및 건설이 중요한 과제이며, 가장 빨리 전개될 우주를 위한 우주 경제 비즈니스일 것이다.

4. 우주쓰레기라는 난제

불과 얼마 전인 2023년 1월 9일, 수명을 다한 2.5t급 미국 지구관측위성이 한반도에 추락할지도 모른다는 뉴스로 떠들썩했다. 그날 과학기술정보통신부는 오전 7시 우주위험 경계경보를 발령했고, 낮 12시 20분부터는 1시간가량 비행기 이륙도 금지시켰다. 다행히 이 위성은 오후 1시쯤 알래스카 서남부 베링해에 떨어졌다.

이처럼 인간이 만든 대부분의 저궤도위성은 수명을 다하고 나면 우주쓰레기가 된다. 로켓 추진기를 비롯해 버려진 인공위성, 충돌이나 폭발로 생긴 작은 파편 등도 마찬가지다. 이 모든 우주쓰레기는 앞으로 펼쳐질 탐사와 관광에 심각한 문제가 될 것으로 예상된다.

예를 들어, 2022년 10월 31일 중국이 자체 우주정거장 텐궁을 건설하기 위해 청정5B에 세 번째 모듈을 쏘아 올린 후 청정5B의 잔해물이 11월 5일경 지구로 추락할 것으로 예상됐다. 실제 2020년 5월에는 청정B의 잔해물

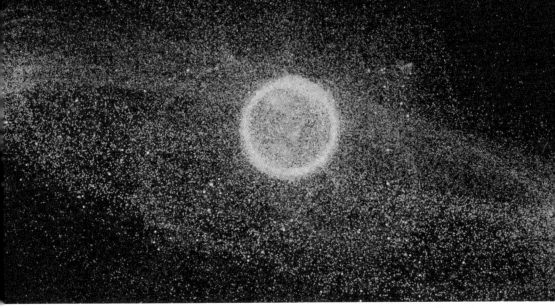

지구 주위를 도는 우주쓰레기의 분포를 나타낸 그림. 1m 크기 5,400개, 10cm 이상 3만 4,000개, 1cm 이상 90만 개, 1mm 이상 1억 3,000만 개로 추정된다 (출처: 유럽우주국)

파편이 아프리카 코트디부아르에 추락해 건물 등을 파손시키며 주민들의 생존을 위협한 적도 있었다.

유럽우주국의 발표에 따르면, 지금까지 발사된 로켓의 수는 총 6,200여 개이고, 이 로켓에 의해 지구 궤도에 올려진 위성의 수는 총 1만 3,100여 개라고 한다. 이 중 5,800여 대는 운영 중이지만, 나머지 8,400여 대는 작동을 멈춘 채로 우주에 떠 있다. 우주쓰레기로 남아 있다는 뜻이다.

심각한 것은 이 우주쓰레기들이 온전한 상태로 그냥 떠 있는 게 아니라 서로 충돌하거나 폭발해 수많은 작은 파편들을 만든다는 것이다.

실제 2009년 러시아의 버려진 위성과 미국 위성통신 전문 기업 이리듐 Iridium의 위성이 시속 수만km의 속도로 충돌해 수많은 파편이 발생했다. 나사가 이러한 파편들의 사이즈와 수량을 조사해보았더니, 인공위성을 파괴할 수 있는 소프트볼보다 큰 것은 2만 6,000개가 넘고, 우주선을 훼손할 수

스페이스 테크 : 인류의 미래를 위한 지상 최대의 트렌드

있는 자갈 크기 이상은 50만 개, 우주복에 구멍을 낼 수 있는 모래 알갱이 굵기만 한 것은 1억 개가 넘는다고 한다. 이런 상황을 해결하기 위해 우주 쓰레기 회수, 우주 교통관리를 위한 기술개발이 시급하다.

게다가 앞서 이야기한 대로 스페이스엑스·원웹·아마존이 위성 인터넷망을 구축하기 위한 저궤도 군집 위성 프로젝트를 진행하고 있는데, 이들은 더욱 심각한 문제를 만들어낼 것으로 예상된다. 영화 '승리호'에 나오는 우주쓰레기 청소가 먼 미래가 아닌 바로 오늘 우리의 현실로 나타난 것이다.

이 문제를 해결하기 위한 노력도 이어지고 있다. 클리어스페이스^{ClearSpace}는 우주에서 응답하지 않거나 버려진 인공위성을 포착하고, 찾아내 제거하는 스타트업이다. 이들은 2025년까지 우주에서 첫 번째 파편 조각을 제거하는 것을 목표로 우주 청소로봇을 개발하고 있다. 또 미국에 기반을 둔 스타트업 오빗가디언스^{OrbitGuardians}는 활성 잔해 제거 서비스 개발 기업이다. 이들은 우주 노동자와 관광객, 운영 중인 위성을 보호하는 것을 목표로, 20cm 미만의 위험한 우주쓰레기를 제거할 계획이다. 오빗가디언스는 컴퓨터 비전, AI, IoT를 활용해 잔해물의 위치·크기 등의 매개변수를 획득하여 저비용으로 잔해를 제거하는 기술을 개발 중이다.

5. 재사용 가능한 로켓으로 획기적인 비용 절감

민간이 아닌 국가가 우주 프로젝트를 주도하는 올드스페이스^{Old Space}의 대표 격인 나사가 아르테미스 1호 발사를 3번이나 연기하는 동안 뉴스페이스^{New Space}의 상징인 스페이스엑스는 2022년 10월까지 총 70회나 발사를 완료했다. 전 세계 로켓 발사의 45%를 차지한 것이다. 나사의 우주 개척 상징이었던 우주왕복선은 1981년 이래 총 134회에 걸쳐 발사에 성공했고, 회당 발사 비용은 17억 8,700만 달러(2조 1,400억 원), 발사체 무게 1kg당 비용으로 계산하면 6만 5,400달러(7,800만 원)이라고 한다. 반면 일론 머스크가 밝힌 팰컨9의 회당 발사 비용은 6,000만 달러(720억 원), 발사체 무게 1kg당 비용은 1,500달러(180만 원)로 우주왕복선의 2% 수준이다. 여기에 더불어 향후 2~3년 이내에 스타십 우주선으로 1/6 수준인 1,000만 달러(약 140억 원)에도 발사가 가능할 것이라고 전망했다.

'재사용 가능한 발사 시스템'이라는 발전된 기술은 지구 대기권을 떠나는 우주여행 비용을 획기적으로 낮추었다. 위성을 발사하는 비용은 물론이고, ISS에 물자를 보급하는 데 드는 비용이 낮아짐에 따라 일상적인 우주 임무를 더욱 효과적으로 수행할 수 있게 되었다. 그리고 로켓 발사 횟수 또한 증가해 우주 비지니스의 확대를 기대해볼 수 있다.

연도	기종	제조사	비용(USD/kg)
2016년	아틀라스V	ULA	1만 4,100달러
2014년	아리안5	에어버스	6,900달러
2015년	팰컨9	스페이스엑스	4,700달러
2020년	재사용 가능한 팰컨9	스페이스엑스	1,800달러
2015년	팰컨9	스페이스엑스	200달러

발사체 무게 1kg당 로켓 발사 비용 [출처: ARK투자운용, 2021]

스페이스 테크 : 인류의 미래를 위한 지상 최대의 트렌드

새로운 긴 여정의 출발

2022년 12월, 나사는 그동안 3번이나 연기했던 아르테미스 1호를 발사해 무사히 귀환시키는 데 성공했다. 이는 2024년 유인 비행을 위해 실시한 무인 비행으로, 반드시 성공해야만 했던 프로젝트다. 2024년 우주 비행사를 태워 달 궤도를 비행한 후 2025년에는 드디어 여성 우주인을 포함한 우주인들을 달에 착륙시키겠다는 계획이다.

나사의 아르테미스 프로젝트 목표를 살펴보면, 2023년 이후 스페이스테크의 방향을 정확히 예측할 수 있다. 나사가 천명한 목표는 다음과 같다. (1) 자원 탐사와 조사, (2) 자원의 획득, (3) 자원처리와 소모품 생산, (4) 우주에서의 생산, (5) 우주에서의 에너지 생산 등이다. 이것은 모두 '인간이 달에서 거주하기 위한 테스트'를 향하고 있다. 달의 자원을 활용해 기지를 구축하고, 인간이 살 수 있는 산소와 물을 추출해 지속적으로 거주 가능한 환경을 만드는 것이 나사의 목표다. 그리고 난 다음에는 화성에 진출하는 것이 최종 목표다.

특히 달의 남극 지역에는 물이 있을 것으로 예상하고 있다. 만약 물 조달이 가능하다면 마실 물과 공기의 문제가 해결되므로, 달에서의 거주는 급물살을 탈 수도 있다. 이처럼 2023년은 화성 진출을 위해 달에서 인간의 생존을 위한 모든 제반 환경, 기지, 에너지, 운송수단, 통신, 식량, 자원 확보 및 활용, 재생산 등의 기술이 본격적으로 개발될 것이다. 이제 우주는 더 이상 먼 미래가 아닌 바로 내일의 미래다.

PART 8

ESG와 지속가능성

:

기업과 사회의
동반 성장을 위한
비즈니스모델
혁신 전략

주영섭

서울대학교 졸업 후 카이스트에서 석사
학위를, 펜실베이니아 주립대학교에서
산업공학 박사학위를 받았다. 대우자동
차, 대우조선, 대우전자를 거쳐 GE 써
모메트릭스코리아 대표이사 겸 아태총
괄 사장, 현대오토넷 대표이사 사장을
역임했으며 지식경제부 R&D전략기획
단 주력산업총괄 MD, 서울대학교 초빙
교수와 14대 중소기업청장을 지내면서
'산·학·연·정'을 두루 경험했다. 현재 한
국디지털혁신협회 회장, 서울대학교 특
임교수이다.

○ ESG가 CES를 관통하는 화두로 대두된 것은 2021년이었다. 팬데믹의 여파로 전면 온라인으로 열린 CES 2021에서 GM·AMD·버라이즌Verizon 등 9개 글로벌기업의 최고경영자들은 기조연설 당시 대부분의 시간을 할애하여 ESG의 중요성에 대해 역설했다.

대표적 사례로, GM의 CEO 메리 바라Mary Barra 회장은 2025년까지 30조 원을 투자하여 30개 차종의 전기차를 출시하겠다는 '올 일렉트릭All Electric' 전략을 발표하고 이를 통해 이산화탄소 배출 제로화에 기여하겠다는 친환경 의지를 표명했다. 또한 사고 및 교통체증 제로화로 사회에 대한 기여에도 힘쓸 것이라 강조했다. 아울러 회장 직속의 포용성 자문위원회를 운영해 사내 인종차별, 성차별 문제를 다룸으로써 세계 최고의 포용 기업이 되겠다는 포부를 밝혔다. 즉 ESG의 환경·사회·지배구조의 세 측면을 고려한 ESG 경영전략을 발표한 셈이다.

1년 뒤 CES 2022에서는 삼성전자가 글로벌 친환경 아웃도어 브랜드 파타고니아와 협력하여 전 세계적으로 심각한 환경문제가 되고 있는 미세플라스틱 배출을 대폭 줄이는 세탁기를 개발하겠다는 계획을 발표하였다. 5mm 미만의 미세플라스틱은 대부분 여과 없이 강과 바다로 흘러 들어가 물고기들이 이를 섭취하게 되고, 결국 물고기를 먹은 사람 몸 속으로 들어와 건강에 악영향을 미치게 된다. 이에 미세플라스틱 증가의 한 원인으로 꼽히는 세탁 과정에서의 배출을 원천 차단하기 위한 기술 개발에 나선 것이다.

삼성전자의 미세플라스틱 저감 세탁기 개발은 큰 관심을 받으며 대표적

ESG와 지속가능성 : 기업과 사회의 동반 성장을 위한 비즈니스모델 혁신 전략

ESG 사례로 부각되었다. 이 외에도 GM·현대자동차·SK·퀄컴 등 각 분야 주요 기업이 ESG에 대해 추상적 개념이나 비전 제시에 머물지 않고 제품과 서비스에 실제로 반영한 구체적 로드맵을 제시하였다.

CES 2023의
핵심 슬로건,
'모두를 위한
휴먼 시큐리티'

○ 　 2021년, 2022년에 이어 CES 2023에서도 ESG는 주요 키워드로 부각되었다. CES의 주관사인 CTA가 CES 2023의 핵심 슬로건으로 제시한 '모두를 위한 휴먼 시큐리티' 자체가 ESG와 직결된다. ESG가 지향하는 지속가능한 사회, 건강한 사회, 스마트한 사회, 안전한 사회, 성장하는 사회 등 인류사회의 비전과 같은 맥락인 것이다.

'휴먼 시큐리티(인류 안보)'란 1994년 유엔이 최초로 도입한 개념으로, 식량 안보, 의료 접근성, 경제 안보, 환경보호, 개인 안전 및 이동성, 공동체 안전, 정치적 자유 등 7개 분야에서 인류가 직면하고 있는 심각한 위협을 해소하는 데 있어 기술혁신의 역할을 강조하고 있다(다음 쪽 그림 참조). 즉, 기술혁신을 통해 인류사회가 직면하고 있는 문제를 해결하고 인류가 지향하는 비전을 실현하고자 한다는 뜻에서 CES 2023의 핵심 슬로건 자체가 ESG가 추구하는 방향과 정확히 일치하고 있다. 게리 샤피로 CTA 회장은 개막 연설에서 CES 2023에서 제시하는 혁신기술이 인류의 삶을 풍요롭게 하고 다음 세대에 더 나은 미래를 주게 될 것이라고 역설했다. 코로나19 팬데믹에 이어 미중 갈등, 우크라이나 전쟁 등 신냉전시대의 전개로 세계인이 세계 평화와 인류 공영, 미래의 지속가능성을 염원하고 있는 상황에서 CTA 역시 ESG를 CES의 핵심 키워드로 제시하고 있는 것이다.

휴먼 시큐리티의 7대 분야 (출처: CTA)

안전하고 편리하며 건강한 미래 사회를 위한 기술혁신

CES 2023의 핵심 슬로건인 '모두를 위한 휴먼 시큐리티'와 같은 맥락으로 대부분의 기조연설과 프레스 컨퍼런스도 ESG와 지속가능성을 핵심 주제로 제시하였다. 개막식과 함께 첫 번째 기조연설자로 나선 글로벌 농기계업체 존디어의 존 메이 CEO는 기술혁신을 통해 인류가 직면한 식량위기를 해결하고 농업의 새로운 미래를 제시할 수 있다고 강조하였다. 그는

ESG와 지속가능성 : 기업과 사회의 동반 성장을 위한 비즈니스모델 혁신 전략

세계 인구가 2050년에 100억 명까지 증가할 것으로 전망되나 식량을 생산할 토지와 노동력은 오히려 감소하고 있다며 농업의 기술혁명이 필요함을 역설하였다. 존디어는 농업 분야 기술혁신의 사례로 자율주행 트랙터와 전기 굴삭기를 발표하여 큰 호응을 받았다.

CTA는 CES 2023을 관통하는 주목할 만한 기술 트렌드를 발표하였는데, ESG와 지속가능성을 6대 트렌드 중 하나로 꼽고 환경 및 에너지 기술, 농업 기술, 푸드테크, 자원 및 에너지 절감 기술, 순환경제 기술 등을 제시하였다. 구체적으로 에너지 기술에서는 태양광, 풍력, 바이오 등 재생 및 대체에너지, 스마트 그리드smart grid, 환경 기술에서는 청정 공기와 물, 농업 기술에서는 미래 농장 시스템, 대체육 등 푸드테크, 순환경제 기술에서는 포장지 최소화, 재활용 기술, 희토류 금속 사용 절감 기술 등이 꼽혔다.

아울러 CES 2023의 다른 핵심 키워드로 제시된 '초연결'도 스마트하고 편리한 사회 구현을 목표로 하고 있다는 면에서 ESG와 궤를 같이 하고 있다. 삼성전자의 초연결 기반 캄테크, LG전자의 AI 및 앰비언트 컴퓨팅 Ambient Computing 기반 고객경험 혁신, 아마존 및 구글의 커넥티비티Connectivity 생태계 등 초연결, 데이터, AI 같은 디지털 트랜스포메이션 기술을 통한 스마트한 미래 사회를 구현하겠다는 비전 제시는 ESG 관점에서도 매우 고무적이라 할 수 있다. 아울러 삼성전자, LG전자, 제너럴일렉트릭, 하이얼 Haier, 일렉트로룩스Electrolux 등 글로벌 업체가 참여하는 협의체인 홈 커넥티비티 얼라이언스HCA를 통하여 자사 제품은 물론 타사 제품까지 초연결을 구현하기 위한 상호 호환성 표준을 만들어가고 있는 것도 스마트한 사회를 구현하기 위한 ESG 측면에서 훌륭한 동향이다.

다음으로, CES 2023에서 괄목할 성장을 한 분야가 건강 관련 기술이라는 점 역시 ESG가 추구하는 건강한 사회와 일맥상통한다. 라스베이거스 컨벤션센터 노스홀을 가득 메운 디지털 헬스를 중심으로 한 건강 관련 기업들이 디지털 진단, 치료 등 원격의료를 통해 가정을 '건강 허브^{Health Hub}'로 전환해 가는 비전을 구현하고 있다. 미국의 헬스케어기업인 애보트, 이스라엘의 에센스^{Essence}, 프랑스의 위딩스^{Withings}, 한국의 SK바이오팜, 에이슬립, 라이프시맨틱스^{LifeSemantics} 등이 디지털헬스기업으로서 건강한 사회 구현에 앞장서며 ESG 경영을 주도하고 있다.

주요 기업
하이라이트

◉　　　ESG의 환경, 사회, 지배구조 3개 분야별로 CES 2023에서 만난 주요 기업 사례를 간략히 살펴보자.

환경 부문: 기술혁신을 통한 사회문제 해결

CES 2023에서 가장 크게 주목받은 기업인 세계 최대의 미국 농기계 회사 존디어 사례가 환경 분야의 대표 성공사례라 할 수 있다. 존디어가 기술혁신으로 해결하겠다고 공언한 식량위기는 인구 증가와 함께 기후위기와도 직결되어 있어 환경 분야와 사회 분야에 공히 적용된다고 볼 수 있다. 존디어의 비료 및 제초제 살포용 자율주행 트랙터는 CES 2023 최고혁신상 23개 제품 중에서도 단연 화제를 모은 제품이다.

트랙터의 전폭 36m 날개 밑에 장착된 24개의 신기술 자동 파종기 '이그잭트샷Exact Shot'이 전자동으로 초당 30개, 즉 트랙터 1대당 1초에 720개의 씨앗을 심는다. 또한 카메라 비전 센서와 AI 기술을 통해 정확한 비료 살포로 기존 사용량 대비 60%의 비료를 절감 가능해 원가 절감과 동시에 환경 영향도 대폭 줄일 수 있다. 제초 기능도 카메라 비전 센서와 AI를 통해 잡초가 있는 곳에만 제초제를 살포함으로써 기존 사용량 대비 60% 이상의 제초제 절감으로 경제성과 친환경 측면 모두 기여하게 된다. 이처럼 존디어는 AI, 센서 등 최첨단 기술혁신을 통한 식량위기 극복, 비료 및 제초제

존디어의 자율주행 트랙터, 이그잭트샷, 전기 굴삭기 (출처: 주영섭)

60% 이상 절감으로 환경오염 감소를 추구함으로써 농업 혁명과 인류의 지속가능한 미래에 기여하는 ESG 모범 사례로 부각되었다. 또한 2030년까지 트랙터, 파종기, 제초기 등 모든 분야에서 완전 자율시스템 구축을 목표로 기술혁신에 매진하고 있다.

이와 함께 존디어는 자사 최초로 100% 친환경 전기 굴삭기를 선보였다. 크레이젤Kreisel 배터리를 사용하는 전기 굴삭기는 기존 제품 대비 성능과 안전성이 개선되고 유지비용이 저렴하며 소음이 적고 배기가스를 배출하지 않는다. 존디어는 전기 굴삭기로 환경오염 방지에 크게 기여하겠다는 계획이다.

ESG가 단순한 환경보호, 사회적 책임, 윤리 경영 차원에서 기업의 수동적 책임이나 사회적 경제를 강조하는 것이 아니라, 존디어 사례와 같이 기술혁신으로 인류사회가 직면한 문제를 해결하고 인류 비전을 구현함으로써 세계인의 공감대와 팬덤을 얻어 경제적 가치와 사회적 가치를 동시에 얻는 고도의 시장 경제적 경영 활동임을 명심해야 한다. 그런 면에서 존디어 사례는 올바른 ESG 경영의 모범 사례로 꼽을 수 있다.

프랑스의 로봇 스타트업인 ACWA 로보틱스가 출품하여 CES 2023 최고 혁신상을 받은 수도관 매핑 및 진단 로봇인 클린 워터 패스파인더도 많은 관심을 끌었다. 이 로봇은 수도관 내부를 자율적으로 이동하면서 지도를 만들고 수도관 상태를 진단하는 로봇이다. 다수의 센서를 통하여 수도관의 부식, 석회화, 균열 등 상태를 평가하고 수압, 수질, 오염도 등 필요 데이터를 수집할 수 있다. 로봇은 수도관을 따라 뱀처럼 굽어지며 이동한다.

프랑스 파리에서만 노후화된 수도관으로 인해 매년 20%의 수자원 누수 손실이 발생하고 있고 수질 악화 문제를 우려하고 있다. 막대한 비용을 들여 수도관을 전면 교체하는 대신 로봇을 활용하여 수도관을 효율적으로

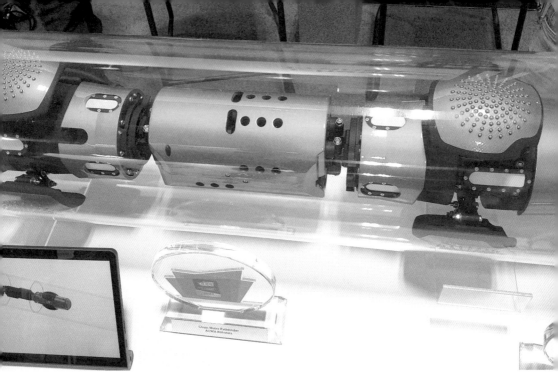

ACWA 로보틱스 수도관 매핑 및 진단 로봇 클린 워터 패스파인더 (출처: 주영섭)

관리하겠다는 것이 ACWA 로보틱스의 계획이다.

현재 프랑스 북동부의 바스티아 시에서 시범 운영을 마치고 마르세유 인근에 생산 공장을 건설하여 본격 확산에 나서고 있다. 이 역시 기술혁신을 통하여 환경과 사회 문제를 해결함으로써 경제적 가치와 사회적 가치를 동시에 얻을 수 있는 좋은 사례이다.

이 외에 한국의 삼성전자·LG전자·SK그룹도 환경 분야 ESG 경영에 박차를 가하고 있고, 이번 CES 2023에서도 ESG 경영의 모범 사례로 많은 주목을 받았다.

먼저 SK그룹은 '행동Together in Action'을 주제로 8개 그룹사와 미국 10개 협력사가 함께 기후위기에 대응하는 탄소중립, 즉 탄소 없는 미래 세계를 구현하기 위한 행동에 나서자는 캠페인을 전개하였다. CES 2023에서는 친환경 모빌리티, 무탄소 라이프스타일, 폐기물 자원화, 도심항공 모빌리티, 미래 에너지 등의 주제로 가상의 공간을 만들어 전기차 배터리, 수소 생태계, 고효율 반도체, 폐기물 에너지화, 탄소 포집·활용·저장^{CCUS} 등 자사의 탄소중립 기술을 소개하였다. 특히, SK온은 초고속 충전이 가능한 SF^{Super} ^{Fast} 배터리로 국내 배터리 업계 최초로 CES 2023 최고혁신상을 받았다. SF 배터리는 니켈 함량이 83%인 하이니켈 배터리로 매장량이 부족하고 가격이 높은 코발트 사용을 줄여 자원 절약과 에너지 밀도 향상을 동시에 이룰 수 있다. 특수코팅 기술로 통상 20~30분이 걸리는 80% 충전 시간을 18분으로 단축하여 현재 시장에 출시된 배터리 중 가장 빠른 충전 속도를 자랑한다. SKIET는 폴더블-롤러블 전자기기, 자동차 등에 사용되는 유연 디스플레이의 유리를 대체할 수 있는 신소재인 플렉시블 커버 윈도우^{FCW} 로 역시 CES 2023 최고혁신상의 영예를 차지하였다.

　LG전자는 '모두의 더 나은 삶'을 주제로 전시관 내에 독립 공간으로 ESG관을 선보였다. ESG존을 통하여 제품의 개발·생산·포장·사용·회수의 라이프사이클 전 과정에서 친환경을 실천하는 지속가능 사이클을 전시했다. 아울러 LG전자의 전사적 ESG 경영 차원으로 탄소중립을 위한 '베터 라이프 플랜 2030$^{Better Life Plan 2030}$'을 발표하였다. 에어컨, 노트북 컴퓨터 등 전자 제품에 AI, 듀얼 인버터 기술을 적용하여 에너지를 70% 절감하는 등 기술혁신을 통한 에너지 절감, 재활용 종이 사용으로 포장재 90%를 절감하는 사례 등 순환 경제 구축을 ESG 경영 대표 사례로 강조하였다.

　삼성전자는 자사의 CES 2023 주제인 '초연결'을 기반으로 친환경 탄소중립을 추구하는 '넷제로 홈$^{Net-Zero Home}$'을 전시하여 ESG 경영을 강조하였

SK그룹·LG전자·삼성전자의 ESG 관련 전시(환경 부문) (출처: 주영섭)

다. 소비자가 가정에서 태양광 발전으로 재생에너지를 생산하여 가정용 배터리에 저장하고, 삼성전자의 IoT 플랫폼인 '스마트싱스'를 활용하여 가전제품의 전력 사용량을 관리하고 효율화할 수 있다. 삼성전자는 기술혁신을 통하여 가정에서도 탄소 배출을 저감하고 전기세도 제로화할 수 있다는 ESG 모델을 제시하였다.

사회 부문: 5대 인류 비전의 실현

CES 2023에서는 환경 부문만이 아니라 사회 부문에서도 예년의 개념

중심 ESG 전시에서 발전하여 실제 제품과 서비스를 선보여 많은 관심을 받았다. 환경 측면만이 아니라 사회 측면에서도 지속가능한 사회, 건강한 사회, 스마트하고 편리한 사회, 안전한 사회, 성장하는 사회 등 5대 인류 비전을 실현하는 기술혁신이 많이 확산되고 있다.

이 맥락에서 '건강한 사회'를 구현하기 위한 헬스 테크의 약진은 향후 더욱 빠른 발전과 확산이 기대된다. 앞서 살펴본 대로 애보트·에센스·SK·에이슬립 등 국내외 여러 기업, 특히 스타트업의 진입이 전 세계적으로 가속화되고 있다. '건강한 사회' 구현을 목적으로 과거 병원 중심의 헬스케어가 가정으로 들어오고 있고 진단과 치료 중심에서 예방 중심으로 변화해 가는 데 기술혁신이 큰 기여를 하고 있는 것이다.

CES는 본연적으로 스마트홈·스마트모빌리티·스마트시티 등 '스마트하고 편리한 사회'를 구현하는 것을 기본 목표로 하고 있고, 최근 코로나19 팬데믹, 사회 불안 등의 여파로 '안전한 사회'를 추구하는 경향도 커지면서 CES가 향후 사회 부문 ESG의 미래상을 제시하는 플랫폼이 될 전망이다.

CES 2023에서 제시된 삼성전자의 캄테크, LG전자의 앰비언트 컴퓨팅, 아마존의 알렉사 생태계, 구글의 헤이구글Hey Google 생태계, 글로벌 가전사의 홈 커넥티비티 얼라이언스 등 초연결·데이터·AI의 디지털 트랜스포메이션 기술혁신을 통한 '스마트하고 편리한 사회' 구현 시도는 향후 지속 발전될 것으로 전망되어 주목할 필요가 있다.

CES 2023에서 많이 부상한 개념은 접근성Accessibility 및 포용성Inclusiveness이다. 특히 신체적·정신적·사회적 약자에 대한 접근성 확대도 주목할 대목이다. CES 2023의 핵심 슬로건인 '모두를 위한 휴먼 시큐리티'에서도 다루고 있다. 현대사회가 직면하고 있는 사회 양극화 문제를 기술혁신으로 극복해보자는 시도이다. 사회 양극화 문제 해결을 위한 접근성 제고는 단순한 양자 보호, 복지 차원에서 진일보하여 사회 체제 유지 관점에서 사회의 지속가능성 제고와 직결된다는 것을 유념해야 한다.

이 분야에서는 CES 2023 최고혁신상을 받은 한국의 스타트업 기업인 닷Dot의 시각장애인을 위한 촉각 그래픽장치 '닷 패드Dot Pad'가 대표적 사례이다. 점자식 스마트패드인 닷 패드는 2,400개 핀이 오르내리며 PC, 모바일 기기, 전자칠판 등에 나온 도형, 기호, 표, 차트 등 그래픽을 촉각 디스플레이 위에 표시한다. 시각장애인이 손가락으로 만지며 내용을 인식할 수 있어 일상생활은 물론 교육, 문화생활에서 접근성을 높일 수 있다. 기술혁신에만 몰입하지 않고 기술이 바꿀 세계를 제시하여 새로운 사업모델을 주도하는 매우 고무적인 ESG 사례이다.

지배구조 부문: 웹 3.0이 지향하는 미래 사회

지배구조 분야의 대상은 의사결정의 지배구조로 'What'보다는 'How'에 가깝다. 따라서 CES의 특성상 보이지 않는 제품이나 기술은 잘 다루지 않는 경향 때문에 지배구조 부문의 사례는 그리 많지 않다. 다만 CES 2023이 주요 트렌드로 제시한 웹 3.0이 지향하는 미래가 ESG의 지배구조 부문과 연관성이 커질 전망이다. 즉, 웹 3.0이 지향하는 개인 중심, 공유와 보상, 특히 개인이 기여한 만큼 성과를 공유하고 보상받는 사회가 향후 주목받을 것으로 보이고, CES에서도 비중을 키워갈 것으로 예측된다.

웹 3.0의 핵심 기술인 블록체인 기술에 대한 관심도 커지고 있다.

국내 스타트업 닷의 시각 장애인용 촉각 디스플레이 '닷 패드' (출처: 닷)

CES 2023에서는 웹 3.0과 밀접한 관계가 있는 메타버스, 그중에서도 VR·AR·MR·XR 기술이 크게 부각되고 NFT 등 블록체인 기반 디지털 자산 분야도 부상하고 있다. 향후 CES에서의 블록체인·NFT·메타버스 기반 웹 3.0의 방향 제시가 기대된다.

의사결정의 지배구조 분야와 관련하여 CES 2023에서 국내 스타트업 기업 지크립토^{Zkrypto}가 비밀 투표를 위한 블록체인 온라인 투표 앱인 'zK보팅^{zKvoting}'으로 최고혁신상을 받으며 주목을 받았다. zK보팅은 블록체인 기술을 기반으로 유권자의 신분, 투표 내용 등 데이터 생산자의 정보를 공개하지 않고 투표 내용과 같은 데이터를 전달할 수 있는 신개념 온라인 투표 시스템이다. 의사결정의 지배구조 개선에 활용될 수 있는 가능성을 제시하였다.

ESG를 둘러싼
미래 트렌드의 이해와
대응 전략

◉　　　세계적으로 기업 경영과 투자의 새로운 규범으로 부상한 ESG에 대해 최근 논란이 뜨거워지고 있다. 특히 러시아-우크라이나 전쟁으로 촉발된 천연가스와 원유 가격 폭등이 세계적 인플레이션 압력에 일조하고 화석연료 기업이 막대한 이익을 내는 상황을 보며 ESG 투자에 대해 일부 투자자들이 의구심을 갖기 시작했기 때문이다.

　미국에서는 텍사스, 웨스트버지니아 등 화석연료 생산이 많은 주를 중심으로 주 연기금 투자에서 환경 관련 펀드를 제외하는 등 일부 ESG 펀드에서 자금이 이탈하는 현상이 감지되었다. 공화당인 트럼프 전 대통령이 탈퇴한 파리기후변화협약에 민주당인 바이든 대통령은 취임 후 바로 복귀한 것에서 알 수 있듯이 민주당은 기후위기 대응에 적극적이고 ESG 친화적 기조인 반면에 친기업 성향의 공화당은 ESG에 미온적 태도를 보이고 있다. 2020년 1월에 ESG를 핵심 투자 기준으로 삼겠다고 선언하여 ESG 열풍에 불을 붙인 세계 최대 자산운용사인 블랙록[BlackRock]의 래리 핑크[Larry Fink] CEO는 최근 과도한 기후변화 대책은 고객사 이익에 부합하지 않는다는 어정쩡한 태도를 취하면서 보수와 진보 두 진영에서 동시에 비난과 압력을 받고 있다. 2022년 11월 미국 중간선거를 앞두고는 ESG가 일시적 유행으로 그칠 것인지, 기업 경영과 투자의 새로운 규범으로 공고히 뿌리 내릴지에 대한 정치적 논란으로 비화하고 있는 모습이다.

　ESG에 대한 이러한 논란은 한국의 기업인들에게 큰 혼란이 아닐 수 없다. 반드시 따라야 할 대세인지 아닌지 확신이 서지 않는다는 얘기다. 대외 의존도가 큰 한국의 입장에서는 ESG의 글로벌 흐름에 무작정 따라가기보다 그 배경과 본질을 정확히 이해하고 선제적으로 대처하는 지혜가 필요하다. 이를 위해서는 ESG를 주도하는 원인이나 원동력이 무엇인지를 이해해야 한다.

ESG를 주도하는 핵심 원동력의 이해

ESG를 주도하는 원동력이 무엇인지에 대해서는 여러 가지 의견이 있다. 먼저 투자자가 원인이라는 시각이 있다. 래리 핑크 블랙록 CEO가 ESG 열풍을 촉발하고 글로벌 투자 펀드들이 가세하며 확산되었기 때문에 투자자가 원인이라는 주장이 타당할 수 있다. 투자자로부터 투자를 받거나 금융기관으로부터 대출을 받기 위해서는 ESG 경영이 필수로 요구되기 때문에 기업 입장에서는 따르지 않을 수 없는 것이다.

둘째로 ESG 경영·투자·정보공개 등의 기준이 되는 ESG 지표가 원인이될 수 있다. 미국과 유럽연합을 중심으로 투자자 보호 목적의 ESG 정보 공시 의무화가 추진되고 있고 한국도 추세를 지켜보며 추진할 것으로 보인다.

셋째로 소비자 성향과 선택이 원인이 되고 있다. 기성세대보다 훨씬 더 환경·사회·공정성 문제에 민감한 MZ세대가 소비층의 중심으로 진입하면서 제품 혹은 서비스 구매 시 ESG를 선택 기준으로 삼기 시작했기 때문이다. 막연히 환경보호를 외치기보다 환경 친화적 기업의 제품과 서비스를 구매하고 그렇지 않은 기업은 배척한다. 사회에 기여하는 기업, 공정한 기업도 마찬가지로 MZ세대의 선택을 받고 있다.

결론적으로 단기적으로는 투자자와 지표가 ESG의 중요한 원인이 될 수 있으나 궁극적으로는 소비자 성향과 행동 변화가 가장 중요한 원인이 될 것이라는 시각이 중요하다.

이러한 맥락에서 소비자 성향과 행동 변화를 ESG의 가장 중요한 동인으로 보는 시각으로 ESG 경영 및 투자 방향을 정하고 ESG 지표를 개선해 나가야 한다. 먼저 앞서 강조했던 바와 같이 ESG 경영의 핵심은 소비자, 즉 고객의 마음을 얻는 것임을 명심해야 한다. ESG 경영을 단순히 환경보호, 사회적 책임, 투명경영 등 기업이 의무적으로 해야 한다는 수동적 책임이 아니라, 소비자 주류로 부상한 MZ세대 등 고객이 원하는 친환경 제품 및 서비스, 사회적 가치를 제공함으로써 고객의 마음과 감동을 얻어 사회적 가치와 경제적 가치를 동시에 얻는 능동적 기회 창출로 보는 시각이 중요하다. 이를 위해서는 의지나 아이디어는 기본이고 획기적 기술혁신이 필요하다. 최고경영자만이 아니라 전 직원이 참여하고 기술혁신이 주도하는 ESG 기반의 비즈니스모델 혁명이 수반되어야 한다.

아울러 ESG 지표의 발전적 개선이 필요하다. 미국 다우존스 지속가능경영지수^{DJSI}, 모건스탠리캐피털 지수^{MSCI}, 지속가능성 회계기준위원회^{SASB} 지수 등이 글로벌 ESG 지표를 선도하고 있고, 국내에서도 여러 법무법인, 회계법인, 컨설팅기업 등이 다양한 ESG 지표를 쏟아내고 있다. 국내외에 난립한 수백 개의 ESG 지표는 모두 개선해야 할 여지가 많다. 이 문제를 개선하기 위해 정부가 발표한 K-ESG 가이드라인도 초기 단계여서 향후 지속적인 개선이 필요한 상황이다.

소비자 성향과 행동 변화 중심 시각으로 보면 환경 부문은 기업의 에너지·환경 기술 개발 성과를 ESG 지표에 대폭 반영해야 한다는 점을 제외하고는 대체로 양호한 상황이나 사회 부문과 지배구조 부문은 개선이 시급하다. 먼저 사회 부문의 인권, 노동, 협력사 관계, 지역사회 공헌 관련 지표는 소비자 성향과 행동 변화에 영향을 주는 기본적 지표이긴 하나 소비자의 팬덤과 구매에 직결되기에는 제한적이다. 결국 모든 사회가 지향하는 비전과 가치인 건강·안전·편의·성장·지속가능성에 기여하느냐가 소비자의 팬덤과 구매에 직결될 것이기에 이에 대한 지표를 사회 부문의 핵심 지표로 만들어야 한다. 예를 들면 혁신 신약이나 의료기기로 국민의 건강한 삶에 기여하는 기업, 스마트제품 개발로 국민의 편리한 삶에 기여하는 기업, 재난을 예방하여 국민의 안전한 삶에 기여하는 기업 등이 높은 평가를 받을 수 있도록 지표가 개선되어야 한다. 이렇게 국민의 삶에 기여하는 기업은 우수한 평가를 받고 소비자, 특히 사회문제에 민감한 MZ세대의 강력한 지지를 기반으로 열정적 고객을 확대하며 발전하게 될 것이다.

지배구조 지표는 현재 소유의 지배구조에 매몰되어 있어 이해관계자 간 많은 논란으로 역시 개선이 시급하다. 지배구조란 기업 내 의사결정의 지배구조를 의미한다. 의사결정은 소유 측면은 물론 의사결정 구조 및 프로세스, 젠더, 연령, 인종 등 다양한 요소가 반영되어야 한다. 예를 들면 고객이 주로 여성인 화장품기업에서 이사회, 임원진 등 경영진이 남성 중심이면 여성 취향을 이해하는 의사결정이 어려울 뿐만 아니라 이 사실을 알게 된 여성 고객에게 외면당하게 되어 발전이 어려워진다. 양성평등과 같이 논란이 될 수 있는 사회적 지표가 아니라 기업의 의사결정과 매출 신장에 직결되는 지배구조 지표로서 그 의미가 큰 것이다. 연령과 인종 측면도 동일한 논리다.

ESG 지표가 잘못되면 배가 산으로 간다. 경제적 가치와 사회적 가치의 동시 추구가 가능한 방향으로 지표를 개선하여 배가 바다로 가게 해야 한다.

ESG 경영의 궁극적 목표와 이해

ESG 경영이 모두가 인정하는 확실한 규범으로 뿌리내리려면 ESG에 대한 올바른 이해의 확산과 함께 공감대 조성과 검증의 시간이 좀 더 필요할 것으로 보인다. 최근 러시아-우크라이나 전쟁에 따른 글로벌 공급망 교란과 에너지 위기로 인해 화석연료 의존도가 늘어나고 화석연료기업의 수익성이 올라가면서 일부 ESG 펀드에서 자금이 이탈하는 등 ESG 경영 및 투자에 이상 징후가 나타나고 있다. 이에 대해 ESG가 일시적이고 국부적인 조정 기간을 거칠 수 있다고 보는 시각과 한때의 유행으로 소멸될 것이라 보는 시각 사이에 논란이 생기고 있다. 아울러 한국은 물론 전 세계적으로 ESG 지표의 적정성과 효용성에 대한 논란도 많다.

ESG 경영은 '착한 기업' 지향적 시각이 아니라 소비자와 고객의 마음을 얻어 경제적 가치와 사회적 가치를 동시에 추구하기 위한 '똑똑하고 현명한 기업' 지향적 시각이어야 한다. ESG 열풍은 근원적으로 MZ세대의 소비층 주류 부상, 포용적 자본주의 부상, 기후위기 대응을 위한 탄소중립 정책 등에 기인한다. 특히 디지털 네이티브세대로 정보화가 빠른 MZ세대는 환경문제와 사회 공정성에 민감하게 반응한다. 지구와 사회에 해를 끼치는 기업의 제품이나 서비스는 외면하고 이롭게 하는 기업의 제품과 서비스를 택하는 소비자 행동주의가 발동하는 것이다. 즉, ESG 경영은 기업이 궁극적으로 고객의 마음을 잡아 성장과 수익성을 추구하는 비즈니스모델과 직결된 경영 활동이다. 결론적으로 ESG 경영은 일시적 유행이 아니라 기업의 생존 및 성공 요건이요, 지속적으로 경영의 기본이 될 시대정신인 것이다.

한국의 기업들도 ESG 경영에 대한 관심도가 높아지면서 이의 도입을 서두르는 기업이 많아지고 있다. 이는 반가운 현상이나, 다만 CES에서 살펴본 미국, 유럽 등 선진기업의 사례를 통해서도 알 수 있듯이 ESG 경영의 방향에 대한 일부 중대한 오해가 있는 것은 시급히 해소돼야 한다.

먼저, 환경 측면에서는 환경보호의 소극적 경영이 아니라 친환경 및 에너지 기술을 통한 환경·에너지문제 해결과 신성장동력 창출을 동시에 추구하는 적극적 경영으로 이해해야 한다. 기업을 환경파괴의 주범으로 보는 일부 시각에서 탈피해 친환경 및 에너지 자립의 주체로 봐야 한다.

사회 측면도 오해가 많은 부분이다. 사회적 책임이나 사회공헌과 같은 수동적 경영에 머무르는 것이 아니라 사회문제를 해결하고 사회가 추구하는 비전과 가치를 창출함으로써 수익성과 사회적 기여를 함께 추구하는 능동적 경영이자 비즈니스모델 혁명으로 이해해야 한다. 이 역시 기술혁신이 핵심적 역할을 하게 된다.

마지막으로, 지배구조 측면은 투명경영이나 윤리경영과 같은 협의의 개념에서 탈피해 직원, 고객, 파트너 등 이해관계자의 관점에서 다양성과 포용성을 포함하는 광의의 개념으로 이해해야 한다. 다양성과 포용성이 높은 기업이 성과도 우수하다는 것이 정설로 굳어지고 있으며, 인종차별이나 성차별이 있는 기업이라면 고객은 물론 직원들도 기피할 것은 자명하기 때문이다.

다시 말해, ESG 경영은 홍보성 캠페인이 아니라 기술혁신을 통한 비즈니스모델 혁명이다. 기업의 홍보나 사회공헌 등 일부 기능이 아니라 마케팅, 연구소, 생산, 영업 등 전 핵심 기능이 주체가 돼야 한다.

세계 탄소중립 정책의 목표

ESG의 환경·사회·지배구조 측면 각각에 대한 보다 균형 잡힌 ESG 경영이 이루어져야 하나, CES 2023에서도 나타난 바와 같이 환경 측면이 다른 두 측면보다 더 빠르고 광범위하게 전개될 전망이다. ESG에서 환경은 그린 대전환과 밀접한 관계가 있다. 그린 대전환에서 정부의 주도적 역할이 필수적이다. 그린 대전환은 국가 에너지와 환경 정책 및 체계와 밀접한 관계가 있어 기업만의 독자적 대응에 한계가 있고 정부의 역할이 절대적으로 중요하기 때문이다. 따라서 정부는 그린 대전환을 통해 탄소중립을 구현함으로써 기후위기에서 인류를 구할 주도적 역할을 해야 한다. 즉, 탄소중립 정책은 국가적 과제이자 인류 공동의 최우선 과제인 것이다.

탄소중립 정책의 목표는 지구온난화를 중심으로 한 기후위기의 주요 원인인 이산화탄소 배출을 최대한 줄여 없애거나 배출만큼 흡수하거나 제거하여 순배출을 제로화하는 것이다. 그런 의미에서 탄소중립은 넷제로라고도 불린다. 각국의 탄소중립 정책은 지구온난화가 돌이킬 수 없는 파국에 이르지 않게 하기 위해 지구 평균온도 상승을 마지노선인 산업화 이전(1850~1900년) 2도보다 상당히 낮은 수준으로 유지하고 1.5도로 제한하기 위해 노력한다고 합의한 2015년 파리기후협약에 기반을 두고 있다. 미국, 유럽연합, 일본에 이어 한국도 2050년 탄소중립 실현을 선언하였고, 중국은 2060년 탄소중립을 선언하였다.

유엔 산하 '기후변화에 관한 정부 간 협의체**IPCC**'는 최근 제56차 총회에서 1.5도 상승 온도 제한 목표를 달성하려면 2030년까지 전 세계 온실가스 순배출량을 2019년 대비 43% 감축해야 한다는 IPCC 보고서를 승인했다. 이는 각국이 2030년까지 감축 목표로 제시한 국가별 온실가스 감축 목표 **NDC**가 지구온난화를 막기에 역부족이라 분석하고 이전 전망보다 감축 목표를 상향한 것이다. 이를 위해 에너지·환경 기술 투자 확대는 물론 ESG 경영과 투자 확산, 자국 내 탄소세, 국가 간 탄소 국경세, 기업의 자발적 탄소 저감 전략인 사내 탄소세 도입 등 다양한 방향으로 진행되고 있다.

한국 탄소중립정책의 방향성

한국이 탄소중립 정책을 효과적으로 실행하여 소기의 목표를 달성하려면 첫째, 정부와 기업, 국민 모두 탄소중립을 새로운 규범이자 시대정신으로 인식하는 국가적 공감대 형성이 시급하다. 탄소중립 정책은 이제 해도 되고 안 해도 되는 선택 사항이 아니라 모든 국가, 모든 기업이 반드시 따라야 하는 필수적 규범이라는 인식이 전체적으로 확산되어야 한다. 이해

관계자이자 감시자가 될 국민의 정확한 인식과 평가가 올바른 탄소중립 정책의 지속적 추진을 가능하게 할 것이다.

둘째, 탄소중립만을 궁극적 목표로 보지 않고 경제성장과 탄소중립을 동시에 추구하는 투트랙 전략이 필요하다. 경제성장을 추구하다 인류 생존의 터전인 환경을 파괴하는 것도 용납될 수 없으나, 환경보호를 추구하다 경제를 망치는 것도 받아들이기 어렵다. 올바른 목표 설정이 탄소중립 정책의 성공 요건이다. 이를 위해서는 탄소중립위원회 등 탄소중립 정책을 다루는 기관이 환경계 인사 중심의 편중된 구성에 머물 것이 아니라 산업계와 과학기술계를 비롯해 투트랙 전략이 가능한 균형 잡힌 인적 구성과 협력을 이루는 것이 필요하다. 정부도 환경부 중심이 아니라 산업통상자원부, 과학기술정보통신부 등 유관 부처가 균형적으로 참여하고 협력하는 조직적 거버넌스 혁신이 필요하다.

셋째, 탄소중립은 아이디어나 의지만으로는 불가능하고 에너지·환경 기술, 에너지 저감 기술, 순환경제, 수소경제 등 과학기술 혁신을 통해 이루어질 수 있음을 직시하여 정부와 민간 차원의 연구개발 투자를 대폭 확대해야 한다. 이를 통해 얻은 기술혁신으로 탄소중립도 실현하고 수출을 통한 신성장동력도 만들어 투트랙 전략에 기여할 수 있다.

넷째, 탄소중립 정책은 정치적 요소가 개입되지 않고 과학적 근거를 기반으로 한 중장기 계획을 세우고 실행해야 한다. 2050년 목표이다 보니 정부와 기업이 이를 당면과제로 인식하지 않고 소위 '수건돌리기' 식의 미루기가 발생하기 쉽다. 데이터와 과학기술 기반으로 촘촘한 단기 및 중장기 계획이 필요하다. 이러한 맥락에서 연구개발 투자 확대와 함께 데이터 기반의 디지털 대전환 정책을 탄소중립 정책과 연계하여 추진할 필요가 있다.

다섯째, 탄소중립 정책 수립 시 높은 제조업 비중 등 국내 상황을 고려한 실용적 접근이 필요하다. 한국의 온실가스 배출 비중을 살펴보면 제조 분야가 36%로 세계 평균인 31%보다 높고, 제조 분야와 연관이 깊은 발전 분야가 37%로 세계 평균인 27%보다 월등히 높다. 즉, 탄소중립 정책이 국내 산업의 중심인 제조업을 무너뜨리거나 약화시킬 수 있는 위험을 회피하는 방향으로 추진되어야 한다. 이를 위해서는 사용 전력을 태양광, 풍력 등 재생에너지로 100% 충당하자는 RE100은 속히 원전을 포함한 CF100으로 전환해야 한다. 이미 유럽에서도 원전을 친환경 녹색 분류체계^{Green Taxonomy}에 포함하고 있고 구글 등 미국 기업도 원전을 포함하는 CF100을 지지하는 등 RE100에 대한 수정 움직임이 구체화되고 있다. 제조업 비중이 높은 중국이 2050년이 아닌 2060년 탄소중립을 선언한 것도 현실을 감안한 실용적 접근이라 볼 수 있다. 쉽게 따라갈 수 있는 대안은 아니나 향후 탄소중립 정책 고도화에 참조할 필요가 있다. 자국의 강점과 약점, 기회와 위협 요인을 감안한 실사구시의 올바른 탄소중립 정책이 대한민국의 운명을 결정한다.

탄소중립 및 지속가능성을 중심으로 한 환경 측면과 함께, 앞서 강조한 바와 같이 사회와 지배구조 측면의 궁극적 목표인 건강한 사회, 스마트한 사회, 안전한 사회, 성장하는 사회를 이루는 방향으로 ESG 경영이 이루어져야 한다. ESG 경영이 단순히 개념적이거나 보여주기식이 아니라 ESG가 모든 기업 활동의 기준이 되는 비즈니스모델 혁명으로 발전해야 함을 다시 한번 강조한다.

저자 소개

손재권

실리콘밸리에 본사를 둔 미디어 플랫폼 더밀크 창업자 및 CEO. 실리콘밸리 혁신 소식을 한국과 미국에 전달하고 있다. 2023년까지 11년째 CES를 취재, 분석해 왔다. 고려대학교를 졸업했으며 스탠퍼드대학교 아태연구소 방문연구원으로 재직했다. 〈매일경제〉 실리콘밸리 특파원과 산업부 기자를 역임했으며 〈문화일보〉, 〈전자신문〉에서도 기자 생활을 했다. 주요 저서로 《파괴자들》, 《네이버 공화국》 등이 있다.

정구민

서울대학교 제어계측공학과에서 학사·석사학위를, 전기컴퓨터공학부에서 박사학위를 받았다. 스타트업 네오엠텔과 SK텔레콤에서 근무했다. 현재 국민대학교 전자공학부 교수이며, 현대자동차, LG전자, 삼성전자, 네이버 자문교수와 유비벨록스 사외이사를 역임했다. ㈜휴맥스 사외이사, 현대오토에버 사외이사, 한국모빌리티학회 부회장, 한국정보전자통신기술학회 부회장, 대한전기학회 정보 및 제어 부문 이사로 재임 중이다.

오순영

2004년 한글과컴퓨터에 입사하여 4차산업혁명 신기술들을 오피스에 적용하였다. 인공지능개발실, 개발기획본부장, 미래성장본부장을 거쳐 첨단 기술 기반 신사업을 총괄했으며, 2019년 한컴그룹 창립 이후 최초 여성 CTO가 되었다. 같은 해 국내 SW산업 발전에 기여한 공적으로 대통령표창을 수상하였다. 현재 KB국민은행에서 금융 현업과 고객 접점의 금융 서비스를 위한 AI를 고민하며 AI 전략기획, AI 선행 기술, AI 응용 개발을 한다.

최형욱

미국 서던캘리포니아대학교(USC)에서 전자공학과 컴퓨터 네트워크를 공부했다. 삼성전자에서 무선네트워크와 센서, 모바일 디바이스 등의 신기술을 연구개발했다. 사물인터넷 플랫폼 기업 매직에코의 공동대표를 거쳐 XR 메타버스 테크기업 시어스랩의 CSO 겸 부사장으로 메타버스 플랫폼과 디바이스를 기획, 개발하고 있다. 혁신기획사 라이프스퀘어의 이노베이션 캐털리스트이자 팬아시아 네트워크의 공동 설립자다.

이용덕

30여 년 동안 세계적인 IT·반도체기업에서 근무하며 혁신과 성장을 주도했다. AI, 자율주행, 빅데이터, 딥러닝 분야의 반도체 시장을 주도하는 엔비디아의 한국 지사장으로 13년간 재직했으며 세계 3대 반도체 팹리스 기업 브로드컴, 반도체기업 레저리티의 초대 한국 지사장을 지내기도 했다. 현재 글로벌 스타트업 엑셀러레이터 드림앤퓨처랩스 대표, AI, 클라우드 SW·HW 전문기업인 바로AI CEO, 서강대학교 아트앤테크놀로지학과 교수이다.

장진규

UX 분야의 대표적인 구루. 12년 차 스타트업 투자자로 80여 개가 넘는 스타트업에 투자해왔다. 인간-컴퓨터 상호작용 및 인지과학 분야로 박사학위를 받았고 서울대학교, 차세대융합기술연구원을 거치며 동 분야 연구실장을 지냈다. 이후 연세대학교 인지과학연구소 교수로 재직 중 UX 분야의 전문성을 바탕에 둔 스타트업 투자사 겸 컴퍼니 빌더인 컴패노이드 랩스를 창업하여 의장으로 일하고 있다.

주영섭

서울대학교 졸업 후 카이스트에서 석사학위를, 펜실베이니아 주립대학교에서 산업공학 박사학위를 받았다. 대우자동차, 대우조선, 대우전자를 거쳐 GE 써모메트릭스코리아 대표이사 겸 아태총괄 사장, 현대오토넷 대표이사 사장을 역임했으며 지식경제부 R&D전략기획단 주력산업총괄 MD, 서울대학교 초빙교수와 14대 중소기업청장을 지내면서 '산·학·연·정'을 두루 경험했다. 현재 한국디지털혁신협회 회장, 서울대학교 특임교수이다.

CES 2023 딥리뷰

2023년 3월 8일 초판 1쇄 발행

지은이 손재권, 정구민, 오순영, 최형욱, 이용덕, 장진규, 주영섭
펴낸이 박시형, 최세현

책임편집 강동욱 **디자인** 박선향, 임동렬 **교정교열** 최세현, 강소라, 김유경, 윤정원, 박현조, 이채은
마케팅 양봉호, 양근모, 권금숙, 이주형 **온라인마케팅** 현나래, 신하은, 정문희
디지털콘텐츠 김명래, 최은정, 김혜정, 서유정 **해외기획** 우정민, 배혜림
경영지원 홍성택, 김현우, 강신우 **제작** 이진영
펴낸곳 (주)쌤앤파커스 **출판신고** 2006년 9월 25일 제406-2006-000210호
주소 서울시 마포구 월드컵북로 396 누리꿈스퀘어 비즈니스타워 18층
전화 02-6712-9800 **팩스** 02-6712-9810 **이메일** info@smpk.kr

© 손재권, 정구민, 오순영, 최형욱, 이용덕, 장진규, 주영섭 (저작권자와 맺은 특약에 따라 검인을 생략합니다)
ISBN 979-11-6534-703-1 (03320)

쌤앤파커스(Sam&Parkers)는 독자 여러분의 책에 관한 아이디어와 원고 투고를 설레는 마음으로 기다리고 있습니다. 책으로 엮기를 원하는 아이디어가 있으신 분은 이메일 book@smpk.kr로 간단한 개요와 취지, 연락처 등을 보내주세요. 머뭇거리지 말고 문을 두드리세요. 길이 열립니다.